Va où ton cœur te mène

GABRIEL RINGLET

Va où ton cœur te mène

Albin Michel

À la maman d'Élie

« Il en faut du temps pour devenir jeune. »

Picasso, à quatre-vingts ans

« À qui demande comment t'est donné de voir la voix de fin silence et d'où te vient pareil tourment de l'indicible, réponds : "De l'âme d'un violon, oseriez-vous relever les empreintes digitales ?" »

Gilles Baudry

PROLOGUE

L'allumeur de feu

En ce temps-là, un petit garçon voit le jour à Tishbé, au-delà du Jourdain. On ne sait rien de ses premières années. Même son ange gardien s'interroge. Il est donc le premier surpris lorsqu'il le voit sortir du bois de son enfance pour devenir éveilleur de souffle. Il sera même, un jour, souffleur de feu. Mais éveilleur de souffle, c'est déjà beaucoup. Faire naître le poème que chacun porte en soi. Un accouchement difficile quelquefois. Prophète : une façon de prendre soin largement répandue à l'époque pour désigner celles et ceux qui tentent de débusquer ce qui se cache sous les apparences. Et si quelques-uns retiennent l'attention par leurs excentricités, on est moins frappé par la singularité de ces inspirés que par leur manière de se rassembler. C'est que ces prophètes et ces prophétesses ont l'habitude de se tenir loin des villes et de vivre assez isolés. On pourrait même dire qu'ils forment des communautés prophétiques, comme on parle de communautés monastiques.

Élie est l'un d'eux.

Quand il apparaît dans le Grand Poème biblique, le roi Achab règne sur le nord d'Israël. Son épouse, Jézabel, originaire de Sidon en Phénicie, aujourd'hui le Liban, défend la religion cananéenne avec une telle fougue qu'elle pourchasse à mort les prophètes de Yahvé qui refusent son dieu Baal. Elle en fait exécuter des centaines pendant que son époux tourne la tête en faisant semblant de n'avoir pas vu.

Élie, comme si de rien n'était, se faufile dans les bruits et l'anonymat de la ville. Comment a-t-il pu échapper au massacre ? On ne sait pas. Mais il est là, et pas qu'un peu. Le livre du Siracide dit de lui : « Alors, le prophète Élie se leva comme un feu et sa parole brûlait comme une torche » (48, 1).

Une torche qu'il entend jeter en plein palais. Mais il faut y entrer. L'ange de la patience lui glisse à l'oreille d'aller faire la queue comme tout le monde pour avoir la chance d'être reçu quelques minutes en audience. Et il obéit. Mais à peine arrivé devant le souverain, il déclare, incendiaire : « Sire, aussi vrai que je m'appelle Élie, par Yahvé vivant, le Dieu que je sers, je vous annonce que dans les années qui viennent, il n'y aura plus ni pluie ni rosée sur les champs, sauf si j'en décide autrement » (1 Rois 17, 1). Un peu culotté, l'allumeur de feu !

Et l'incendie continue, avec un Élie plus brûlant que jamais. Trois mille ans après sa déclaration pyromane, son feu reste d'une jeunesse insolente et son audace spirituelle d'une modernité rare. C'est que ce combattant des abîmes qui a fait de la guerre sainte l'histoire de sa vie va découvrir un feu qui rafraîchit. Car après avoir poussé Dieu à être encore plus Dieu – il veut dire plus tonitruant et plus flamboyant –, il va s'apercevoir, stupéfait, que son Dieu des palais de marbre préfère la paille d'une cabane de berger. Il y a de quoi vaciller. C'est sans doute sa conversion qui me le rend si proche, car Élie se convertit, mais à l'envers. Entre le prophète m'as-tu-vu et le poète de la fragilité divine, il se tient à l'endroit précis où l'histoire du prophétisme bascule, à ce moment où la religion elle-même change de camp.

Pour parler du prophète, les textes sacrés utilisent plusieurs mots, en particulier « l'inspiré », « le voyant » mais aussi « le criant », « le *nabî* », du verbe *naba*, « proclamer ». Et ce qu'il proclame est tantôt ténébreux, tantôt lumineux, car s'il dénonce l'insupportable il annonce aussi l'inimaginable. Mais pas à la manière des devins qui confondent le dire et le prédire. Le récit biblique se méfie des pratiques divinatoires, comme en témoigne déjà le livre du Deutéronome quand il ordonne : « Il ne se trouvera chez toi personne pour faire passer par le feu son fils ou sa fille, consulter les oracles, pratiquer l'incantation, la divination, les enchantements et les charmes, interroger les revenants et les esprits ou consulter les morts » (18, 10-11). Pas question donc, la Bible y revient souvent, de lire des présages dans une coupe, de porter des amulettes, de tirer à la courte paille ou de jouer aux dés pour annoncer une catastrophe. C'est qu'à la différence du devin, le pro-phète « parle devant », il devance, il précède. Quand il est minuit dans le monde, il contemple déjà le lever du soleil. C'est un lecteur, un déchiffreur, et un déchiffreur d'aujourd'hui. Il n'est pas hors du temps, loin de là, mais très enraciné au contraire, imprégné par la culture et la sensibilité de ses contemporains. Et c'est là son originalité. Pleinement présent à son époque, il la pénètre avec une telle intensité qu'il en fait surgir une vérité qui la dépasse et souvent la dérange. Une parole prophétique qui, au temps d'Élie, va devenir de plus en plus poétique car c'est à ce moment-là que la vocation se précise et que l'oralité du discours se prolonge dans une écriture plus élaborée. Sous l'impulsion de personnalités comme Amos, Osée, Isaïe, Michée ou Élie, le frère prophète (ou la sœur, il y en a quelques-unes) devient l'écrivain prophète et offre au récit prophétique un génie littéraire propre.

Élie est habité par ce génie-là. Ce qui me touche tellement chez lui, c'est sa voix. Je veux dire qu'à travers son histoire et dans les mots qu'il utilise, il y a un ton, une couleur, un souffle particuliers, un accent, je dirais même une prononciation qui lui est propre. Et une énergie qui, à travers les pages, à travers les siècles, arrive intacte jusqu'à nous.

Il y a urgence à s'en emparer. Urgence à voir se lever des héritiers de ce souffle brûlant. Mais d'une brûlure douce comme une caresse. Car voilà bien l'exceptionnelle modernité d'Élie : il n'adoucit pas le feu mais il donne feu à la douceur.

I

La grande sécheresse

Le guérisseur de la pauvreté

Quand Élie se trouve devant le roi Achab, il ne sait pas encore ce qu'est un feu de douceur. Mais le souverain ne prend pas l'annonce apocalyptique au sérieux. La manière dont ce curieux visiteur lui parle d'une folle sécheresse – et qu'il va déclencher lui-même ! – le fait éclater de rire. Et c'est presque à regret qu'il coupe court à l'entretien, non sans avoir encouragé Élie à cultiver une imagination aussi féconde. C'est qu'il en voit défiler, des illuminés. Celui-ci a au moins le mérite d'avoir animé l'audience du matin. Et il le laisse partir avant d'appeler le suivant.

Quelques heures plus tard, quand elle apprend l'insupportable légèreté de son royal mari, Jézabel s'empresse de lancer sa police aux trousses de cet impertinent prophète aux yeux de braise. Pour le coup, Yahvé se réveille et prévient vite son brûlant défenseur : « Va-t'en d'ici, dirige-toi vers l'orient et cache-toi au torrent de Kérit qui est à l'est du Jourdain » (1 Rois 17, 3).

Toutes affaires cessantes, Élie se précipite et trouve refuge dans ce val isolé où il s'aménage une cachette au creux d'un rocher, à deux pas du torrent. L'eau fraîche balbutie joyeusement et entretient un agréable commerce avec les herbes et les arbustes alentour. Il lui suffit de tendre la main pour cueillir des baies, ramasser des graines, et se préparer une salade délicieusement composée. Rien ne manque à sa faim puisque, sur ordre du ciel (encore !), des corbeaux viennent lui offrir « du pain le matin et de la viande le soir » (1 Rois 17, 6). Qui donc a prétendu que ces noirs chapardeurs ne partageaient jamais les fruits de leurs rapines ?

Mais les semaines passent et la restauration céleste commence à faire grise mine. C'est que depuis un bout de temps déjà la pluie s'est inscrite aux abonnés absents alors que le soleil, lui, n'a jamais été d'aussi bonne humeur. Jour après jour, l'herbe s'effondre, les oiseaux s'enrouent, les corbeaux s'éclipsent et le torrent baisse la voix jusqu'à devenir complètement aphone. Élie comprend qu'il doit quitter son paradis perdu et se diriger vers Sarepta, au pays de Sidon – d'où vient Jézabel ! Mais c'est un ordre d'en haut. Alors, pieds nus, par de petits chemins de sable et de terre sèche, il va vers la mer. Après une journée et une nuit de marche, à l'approche de midi, il s'affale, épuisé, à l'entrée de la ville. On dirait que le temps peine à respirer et que la région est frappée d'anémie. Tout est figé aux alentours. Élie aussi. Et il a grand soif.

Dans l'ombre de sa torpeur, il aperçoit une femme. Que vient-elle faire ici à cette heure impossible ? Elle n'habite pas très loin, une des premières maisons de Sarepta. Puisqu'il ne connaît pas son nom, il va l'appeler simplement la Sareptine, comme on dira plus tard la Samaritaine ou la Cananéenne. Il voit qu'elle a déposé sa cruche et ramasse du bois mort. Il l'interpelle, un peu cavalier : « Donne-moi à boire ! » – l'Évangile s'en souviendra. Comme elle accepte de partager un peu d'eau, il poursuit : « Et à manger !

– Je n'ai plus de pain, lui répond la femme, encore jeune. Juste une poignée de farine et un fond d'huile. Je suis venue ramasser quelques bouts de bois pour préparer un dernier repas que je vais partager avec mon petit garçon. Nous mangerons et nous mourrons. Ainsi, nous rejoindrons mon compagnon décédé depuis un an déjà. Il était à peine parti que la pluie nous a désertés. J'ai bien tenté de semer mais plus rien n'a poussé. Les sources se sont tues. Les réserves se sont épuisées. La solidarité elle-même est à bout de force puisque nos voisins, pourtant si généreux, n'ont plus rien à nous partager. Alors, j'ai supplié le ciel mais on dirait qu'il a perdu la mémoire et ne se souvient plus de sa miséricorde. Il me reste juste de quoi fabriquer une galette. Nous irons la manger sous un arbre, comme pour une fête de dernier adieu, et puis nous attendrons que l'ombre de la mort daigne nous envelopper. »

Tout secoué, Élie répond : « Ne crains rien et fais comme tu dis. Mais prépare-moi d'abord une petite galette que tu m'apporteras ; tu en feras ensuite une seconde pour toi et pour ton fils. Car ainsi parle Yahvé, Dieu d'Israël : "Jarre de farine ne s'épuisera, cruche d'huile ne se videra jusqu'au jour où Yahvé enverra la pluie sur la face de la terre" » (1 Rois 17, 13-14).

La femme fait comme Élie vient de dire et ils mangent à leur faim tous les trois. Et pas que ce jour-là. Car Élie a pris pension chez elle. Chaque matin, dans la chambre haute, il prie Dieu de leur accorder le pain de ce jour. Et chaque matin la Sareptine répète les mêmes gestes, comme pour une liturgie : elle s'incline, racle le fond de son pétrin et secoue la cruche pour qu'en sortent encore quelques gouttes d'huile. Puis elle part ramasser du bois et cuit son petit bout de pâte. Et à chaque fois, ensemble, ils rendent grâce et savourent lentement ce repas, comme si c'était le dernier. Miracle de la confiance et de la sobriété : recevoir chaque jour le petit reste qui donne la force d'atteindre le lendemain.

Pour l'enfant, ce miracle était-il trop petit ? Malgré le pain quotidien, il s'affaiblissait de jour en jour. Il est vrai que, chez les très jeunes, il arrive qu'après une période florissante la vivacité se retire sur la pointe des pieds. Alors on s'inquiète. Quelle sécheresse est passée par là ? Quel mauvais sort a fait pâlir la grâce d'un si beau commencement ? Le garçon, doucement, comme s'il retrouvait son babillage de bébé, mais plus lentement, se met à délirer. Il fait ses blancs pains, comme on dit. Une poète proche de la langue d'autrefois m'a rappelé que « faire ses blancs pains », c'est pétrir le drap de lit afin de préparer une offrande pour l'au-delà. Jadis, en Wallonie, au Pays des Collines en particulier, on utilisait cette expression quand le geste annonçait une mort toute proche. Ainsi du fils de la Sareptine. Quand sa main a lâché le drap, son visage a pris la couleur grise d'une lune fatiguée, jusqu'au moment où son tout petit souffle s'est retiré derrière les nuages.

Élie n'avait rien pressenti.

La veuve, désenfantée, soulève le petit corps encore chaud et se précipite dans la cuisine où le prophète s'était attablé. Sa colère est tellement étouffante qu'elle parvient à peine à faire sortir son cri. À travers des mots désordonnés, elle lui fait comprendre qu'elle n'a rien demandé, ni à lui ni à personne. Elle voulait simplement mourir à petit feu, en serrant son fils dans ses bras pour qu'il n'ait pas froid. Elle s'était préparée à cet ultime blottissement, ce dernier feu, cette dernière galette, juste avant le grand effacement. Au lieu de cela, un prophète de malheur est venu l'interrompre et la supplier : de l'eau ! Du pain ! Lui d'abord ! Ravagée, la Sareptine, désespérée, mais lucide. Oui, les jours se sont prolongés. Et alors ? Tout ça n'était que tromperie. « Qu'ai-je à faire avec toi, homme de Dieu ? Es-tu donc venu chez moi pour me demander des comptes et faire mourir mon fils ? » (1 Rois 17, 18).

La femme, un ton plus bas, comme si elle se parlait à elle-même, mais c'est toujours à lui qu'elle s'adresse, avec plus de force encore que dans sa colère, se met à évoquer l'ordinaire des jours. Elle explique qu'elle se sentait bien dans le peu. « On peut vivre avec un rien, dit-elle, et il arrive même que ce rien engendre un rien de joie. Oui, bien sûr, la famine me décourageait, pour mon petit surtout, mais je m'habituais à la supporter. Et je me préparais doucement, fermement, à rejoindre le chemin des en-allés. Pourquoi es-tu venu tout perturber ? »

Elle s'apprête à ajouter : « Va-t'en ! Laisse les morts enterrer les morts ! Je veux être seule à déposer ce petit corps bien-aimé dans la paix » quand Élie, d'abord tétanisé, lui ordonne, presque avec dureté : « Donne-moi ton fils ! » Elle est trop abattue pour encore résister. Élie lui enlève l'enfant des bras, le blottit dans les siens et le monte dans la chambre haute où il s'est établi. Il couche le petit sur son lit et s'allonge délicatement sur lui, en tentant d'écouter les pensées qui l'envahissent. Vers quel infini s'en est allé ce petit homme ? Et peut-on le rappeler ? Peut-il vraiment quitter l'illimité pour rejoindre l'intimité de la limite ?

Élie, toujours étendu sur l'enfant, se redresse lentement, comme s'il sortait de sa propre torpeur, et se met à invectiver Dieu avec les mots mêmes de la femme : « Qu'est-ce que c'est que ça, Seigneur ? Cette tromperie ! Tu m'as envoyé chez cette veuve pour que je l'encourage, elle m'a accueilli, elle m'a logé, elle a partagé avec moi le peu qui lui restait, et voilà que tu laisses mourir son enfant ! Mais quel Dieu es-tu ? Et quel mal veux-tu à cette femme déjà si éprouvée ? »

Pour se calmer, Élie se lève, se dirige vers la fenêtre et regarde le ciel. La lune lui sourit du bout des lèvres mais le ciel reste silencieux. Il revient alors vers le lit et s'étend à nouveau sur l'enfant. À trois reprises, son corps, comme un manteau, l'enveloppe de sa de sa supplication. Penché sur le visage de ce fils unique, il le caresse d'un souffle ténu, une longue haleine de rosée qu'on voit passer sur la petite peau enciélée. Entre deux buées, Élie, à voix basse, presque inaudible, s'adresse à Yahvé : « Mon Dieu, je t'en prie, que revienne le souffle de cet enfant à l'intérieur de lui. » Puis il se redresse, s'assied au pied du lit, épuisé, et s'endort.

Un tout léger bruit le tire de son sommeil. Sur le lit, de très bonne humeur, l'enfant se frotte les yeux et se met à parler. Où était-il parti ? Comment est-il revenu ? Élie ne sait pas. Pendant quelques secondes, il se cache derrière la haie du miracle, sans bouger, pour être sûr qu'il n'a pas rêvé, que Dieu l'a vraiment entendu. Tout habité encore par le mystère de la chambre haute, il soulève l'enfant et redescend sur terre, dans la cuisine de la Sareptine.

La femme ne les entend pas arriver. Vidée de son âme, elle s'est recroquevillée dans le creux de son propre tombeau en attendant que la mort l'y dépose avec son petit. Élie la secoue doucement et lui dit, presque sur la réserve : « Vois, ton fils est vivant. » Elle ne réalise pas. Elle est trop loin déjà, au pays des ombres. Mais comme l'enfant gesticule et lui tend les bras, lentement elle sort de la nuit et se redresse. Petit à petit, une joie souterraine remonte les escaliers de son âme. Elle serre enfin son garçon et l'arrose d'une pluie de baisers. Elle voulait mourir avec lui. Elle mesure qu'il va vivre avec elle.

Mais cette pensée réjouissante l'inquiète un peu. Elle se tourne alors vers Élie qui pendant la montée des retrouvailles s'est tenu pudiquement à l'écart, au fond de la cuisine. Apaisée et à distance de ses rancœurs, elle lui dit sobrement : « Maintenant, je sais que tu es un homme de Dieu et que la parole de Yahvé dans ta bouche est vérité » (1 Rois 17, 24). Mais à peine a-t-elle exprimé cette reconnaissance qu'elle prend peur. Et si un jour le mal devait revenir et emporter à nouveau son enfant, ne serait-ce pas encore plus désespérant ? C'est la question de toute résurrection. Lazare en saura quelque chose. Alors cette joie d'aujourd'hui n'est-elle pas blessée, déjà, par l'écorchure qui la fera saigner demain ? Élie n'est pas loin d'être habité par la même pensée. Et comme il sent à quel point la joie de la veuve se teinte d'inquiétude, il répond à la question qu'elle n'a pas posée : « Prends à bras-le-corps la résurrection toute fraîche qui est là, devant toi, avant de penser à la mort qui suivra. Aujourd'hui est tout neuf. Laisse-toi envahir par cette nouveauté et n'oublie jamais qu'elle a existé. À chaque jour, le jour suffit. »

Apaisée par la réponse, la Sareptine rejoignit le peu, comme avant, et plus encore. Elle et son fils se contentaient d'un murmure de vie, ce qui ne les empêchait pas de dire merci à l'heure qui venait de passer. Et comme la sécheresse poursuivait ses ravages et le miracle ses bontés, chaque jour, pour son fils et pour ses voisins, elle préparait une galette de pain avec son filet d'huile et sa poignée de farine.

Les trois miracles qui ouvrent la geste d'Élie ont un point en commun. On dirait que l'écrivain biblique de ce fabuleux destin a voulu, dès le départ, fournir une précieuse indication à celles et ceux qui seraient appelés à interpréter la partition.

D'abord le miracle des corbeaux. D'habitude, cet oiseau n'a pas très bonne réputation. Dans la langue populaire par exemple, il désigne le prêtre en soutane, le croque-mort ou l'auteur de lettres anonymes. À cause, sans doute, de son plumage noir et de son cri discordant. Mais il est audacieux et très intelligent, insiste Hildegarde de Bingen, qui l'a beaucoup observé. Dans son *Livre des oiseaux*, cette abbesse bénédictine du XIIe siècle écrit qu'« il n'a pas peur et il ne fuit pas l'homme, si bien qu'il pourrait parler avec lui ». Et parce qu'il connaît l'homme, dit-elle encore, « il dérobe souvent ce que celui-ci garde auprès de lui ».

Dans la Bible, au moment du Déluge, on oublie parfois que Noé a d'abord envoyé son corbeau explorateur avant de lâcher la colombe. C'est lui qui va virevolter dans un va-et-vient incessant « jusqu'à ce que les eaux découvrent la terre ferme » (Genèse 8, 7). Mais dans le texte sacré, le corbeau est surtout lié à la Providence divine, comme on le voit dans les psaumes 146 et 147 où il est écrit que le Seigneur « donne du pain aux affamés, délie les prisonniers, ouvre les yeux des aveugles, redresse les genoux qui fléchissent, protège les émigrés » et, juste après, qu'il « donne la nourriture au bétail et aux petits du corbeau qui réclament ». L'Évangile de Luc prendra le relais quand Jésus dit à ses disciples : « Regardez les corbeaux : ils ne sèment ni ne moissonnent, ils n'ont ni cellier ni grenier, et Dieu les nourrit ! » (12, 24). Dans l'histoire d'Élie, merveilleux retournement de la Providence, ce sont les corbeaux eux-mêmes qui prennent soin du prophète. Où ont-ils dérobé le pain et la viande qu'ils apportent chaque jour ? Ont-ils découvert un cellier ou un grenier encore bien garnis malgré la sécheresse ? Le récit ne s'embarrasse pas du comment. Il dit seulement que leur générosité répond à un appel venu de très haut. Bonté des corbeaux !

Le miracle de l'huile et de la farine qui ne s'épuisent pas est aussi une affaire de bonté. La merveille, ici, c'est la multiplication du peu. Le miracle du « juste assez ». Il ne faut pas plus pour rejoindre le lendemain. Un poète si attentif à ne pas se laisser égarer par le « monde du trop », Philippe Jaccottet, fait l'éloge de ce peu. Contre toutes les modes et contre toutes les duretés il ose écrire dans *La Semaison* :

Le pouvoir d'un peu de bonté n'est pas perdu.
On peut encore à tout moment modifier la vie.
Avec beaucoup d'attention et de douceur.

Par temps d'extrême sécheresse, je me dis que nous sommes appelés à recueillir la farine de l'attention, l'huile de la douceur, et à croire au pouvoir d'un peu de bonté. Que ce pouvoir ne sera pas perdu. Qu'à tout moment nous pourrons encore modifier la vie. Et que nous sommes capables de ce prodige.

Le troisième miracle est encore une histoire de peu. Juste une respiration. Car c'est à travers une buée de souffle que le prophète va réveiller le fils de la veuve. Quand je les regarde, Élie et la Sareptine, je vois une rencontre rare entre deux manières de prendre soin. Lui prend soin d'elle en lui permettant chaque jour de cuire une nouvelle galette. Elle prend soin de lui en l'installant dans la chambre haute de sa maison. Un étage les sépare, une religion, un pays. Mais leur soif n'a pas de frontière. Je ressens quelque chose de nuptial dans cette hospitalité, au sens des noces spirituelles qu'évoquent si souvent les mystiques. Sous le même toit, la veuve et le prophète engendrent la nouveauté. Et je regarde la résurrection de l'enfant comme la rencontre fécondante entre deux solitudes, entre deux étrangèretés, entre deux bontés. Lui, un des plus grands prophètes en Israël. Elle, une païenne au pays de Sidon. L'eau vive, déjà. La Sareptine avant la Samaritaine. Autour d'un puits à sec, le partage d'une double soif.

Le magicien des ténèbres

Alors que les jours passent et que la sécheresse ne cesse de s'aggraver, le roi Achab cherche Élie partout. Il a déjà ratissé toutes ses terres et se prépare à renoncer lorsqu'il envisage une dernière tentative. Dans l'espoir de fouiller mieux encore les plis et les replis de son royaume, il ordonne à Abdias, le maître du palais, d'en explorer à nouveau les moindres recoins avec lui. L'un à droite, l'autre à gauche, chacun s'en va sur son chemin. Tous deux écument le territoire de fond en comble en examinant d'abord avec soin l'environnement des sources et des torrents qu'ils savent pourtant asséchés.

Un jour, Abdias n'en croit pas ses yeux. Là, devant lui : Élie ! Non, ce n'est pas une apparition. Ou plutôt si : plus qu'une apparition, une vraie présence, en chair et en souffle. Le vizir se met à trembler et se jette face contre terre. La fatigue, sans doute, et le soleil. Mais pas seulement.

« Est-ce toi, seigneur Élie ?

– C'est moi. Va dire à ton maître que voici Élie. »

Le vizir relève lentement la tête et se risque à balbutier : « Quelle est ma faute ?

– Comment ça, ta faute ?

– Mais tu sais bien que ma situation est impossible. Le roi te cherche partout. Il est enragé et furieux de t'avoir laissé partir aussi naïvement. Et je ne parle pas des sarcasmes de la reine. Poussé à bout par sa Phénicienne, il n'a plus qu'une obsession : te retrouver et te mettre à mort. Alors que moi, je suis comme toi du côté de Yahvé, mais en secret. Si tu savais comme je tente de protéger tes amis prophètes. Pendant que Jézabel les massacrait, j'ai réussi à en cacher deux fois cinquante dans une grotte et à les nourrir d'eau et de pain. Je prends les plus grands risques. Alors, comprends-tu mon dilemme ? Si je vais dire à Achab que je t'ai trouvé et que tu t'es enfui à nouveau, il va me mettre à mort. Mais si je t'amène au roi, c'est toi qui seras exécuté. »

Élie, touché par l'audace et le courage d'Abdias, lui répond : « Pas de panique. Une chose à la fois. Je ne vais pas m'échapper. Va prévenir Achab. Aussi vrai que je suis Élie et que Yahvé est mon Dieu, je vais me présenter au roi de ce pas. »

À peine prévenu par son vizir, le roi se précipite au-devant d'Élie. « Ah, te voilà, toi, fléau d'Israël !

– Comment ça, fléau ? Ce n'est pas moi qui ai jeté le trouble dans ce pays, mais toi et ta famille, en vous éloignant de Yahvé.

– Je n'avais pas le choix. Tu sais comme la reine tient à sa religion. Un Phénicien l'emporte toujours dans ses bagages, avec son art et son alphabet. Une Phénicienne encore plus !

– Et tu la laisses faire !

– Je voudrais te voir à ma place. Dès qu'on aborde la question religieuse, elle s'enflamme.

– Écoute, je vais te laisser une chance de

montrer ton autorité et de faire comprendre à chacun que c'est toi le roi.

– Une chance ?

– Voici ma proposition. Convoque le peuple sur le mont Carmel. N'oublie surtout pas de faire venir aussi les quatre cent cinquante prophètes de Baal et tous ceux qui mangent à la table de ta chère épouse. Et tu verras !

– Je verrai quoi ?

– Je t'assure que tu seras surpris. Positivement. »

Intrigué et n'ayant plus rien à perdre, sauf, peut-être, l'amour tortueux de Jézabel, le roi accepte de convier un maximum de ses sujets pour le lendemain. En ville on ne parle plus que de cela. Et puisque la sécheresse a déjà tout figé, pourquoi bouder ce rendez-vous ? Enfin quelque chose qui bouge encore. Et de fait, tôt le matin, les gens arrivent en masse. Le roi, réconforté dans son autorité tellement mise à mal depuis des mois, s'installe, satisfait, au premier rang.

Élie s'avance vers la foule et lui crie dans cette langue dont il a le secret : « Jusqu'à quand boiterez-vous sur deux béquilles ? Vous devez choisir. Ou Yahvé est Dieu et vous suivez Yahvé. Ou Baal est Dieu et vous suivez Baal. Mais cessez donc de clocheter des deux jarrets. Et de croire que vous pouvez faire vos Pâques en passant d'une rive à l'autre. »

Les gens en restent bouche bée.

Élie sent que c'est le moment d'enfoncer le clou et il s'enhardit : « Regardez : je suis seul de mon bord alors que la concurrence dispose de quatre cent cinquante représentants. Et je ne compte même pas les autres invités de Jézabel qui peuvent faire pencher la balance. Qu'on nous amène deux jeunes taureaux. »

Une fois les bêtes en place, Élie s'adresse à ses opposants : « Je vous laisse choisir. Prenez celui qui vous convient, dépecez-le et placez-le sur le bûcher, mais sans y mettre le feu. Moi, je vais en faire autant avec celui que vous m'aurez laissé. Vous invoquerez alors le nom de votre Dieu et moi le nom du mien. Le Dieu qui répondra à nos prières par le feu, c'est lui le vrai Dieu. »

D'une seule voix, le peuple s'écrie : « Bien dit ! Bien dit ! »

S'adressant à nouveau aux prophètes de Baal, Élie enchaîne sans perdre de temps : « À vous l'honneur. Vous êtes les plus nombreux, allez-y, montrez votre savoir-faire. »

Sans se laisser prier davantage, les adorateurs d'en face font comme Élie vient de dire. Du matin jusqu'à midi, ils dansent, ils récitent, ils supplient : « Ô Baal, réponds-nous ! » Et le peuple de les exciter de ses cris. Mais rien, pas un signe, pas un mot, pas la moindre réponse. Alors de nouveau ils s'agenouillent, se relèvent, montent sur l'autel et gesticulent de plus belle. Toujours rien.

Au moment où midi s'annonce, Élie, très sûr de lui, se lance dans une escalade ironique : « Criez plus fort ! Votre dieu est peut-être un peu dur d'oreille. Ou il est trop occupé. Ou il traite une affaire plus urgente. Ou tout simplement il dort et il faut le réveiller. »

Aiguillonnés par Élie et par la foule qui fait monter la température, les prophètes de Baal accentuent encore leurs incantations.

Ils entrent en transe, dégoulinent de sueur et en viennent même à se taillader avec des poignards et des lances au point d'avoir tout le corps en sang. Et quand midi s'en va, leurs transports se poursuivent, amplifiés par la batterie de leurs instruments, jusqu'à ce qu'ils en arrivent, épuisés, à présenter l'offrande de l'après-midi. Mais le ciel ne bronche toujours pas.

Élie attendait patiemment. Quand il voit ses ennemis pliés en deux de fatigue et de découragement, il revient à l'avant-scène et s'adresse au peuple assemblé : « Approchez-vous. »

Et les gens s'approchent.

« Je vais bâtir un nouvel autel », leur dit-il.

Joignant le geste à la parole, il rejoint l'autel du Seigneur, qui est en ruine, prend douze pierres, une par tribu, et s'improvise maçon pour la circonstance. Une fois l'œuvre achevée, il creuse tout autour un fossé d'une contenance de deux boisseaux de grains, dispose le bois, découpe le taurillon et place les morceaux sur le bûcher.

« Remplissez quatre jarres d'eau, dit-il à

ceux qui sont près de lui, et versez-les sur l'holocauste et sur le bois. »

Et ils versent.

« Doublez la quantité ! » ordonne-t-il.

Et ils doublent.

« Triplez ! »

Et ils triplent. Au point que l'eau se répand tout autour de l'autel, jusqu'à remplir le fossé.

Élie, devenu nerveux, va et vient devant l'autel en suppliant : « Yahvé, Dieu d'Abraham, d'Isaac et d'Israël, exauce-moi, exauce-moi ! Que tous ces gens sachent que tu es Dieu en Israël, que je suis, moi, ton serviteur, et que c'est sur ton ordre que j'ai fait tout cela. Réponds-moi, Yahvé, réponds-moi. Et que les cœurs reviennent vers toi. »

À ce moment précis, un éclair déchire le ciel. Le feu de Yahvé frappe comme une flèche et dévore l'holocauste, le bois, les pierres, la poussière, jusqu'à avaler l'eau du fossé. Du coup, comme les gens sont versatiles et préfèrent souvent suivre la victoire, les voilà face contre terre, en train de crier : « C'est Yahvé qui est Dieu ! C'est Yahvé qui est Dieu ! »

Le roi, sans trop oser le montrer, est plutôt satisfait de la tournure des événements. Dans le secret de ses pensées, il ne regrette pas de voir les pique-assiettes du dieu Baal en difficulté. En se disant que pour le même prix, la reine lui parlera un ton plus bas. Mais il ne peut deviner la suite. Car tandis que les gens se prosternent encore, Élie, démonté, reprend la parole et crie d'une voix si puissante qu'elle va traverser les siècles : « Capturez les prophètes de Baal ! Que pas un n'en réchappe ! »

Ils les saisissent tous et les remettent à Élie qui leur enjoint de descendre jusqu'au torrent du ravin de Qishôn, pas loin de Haïfa. Et là, il les égorge, un à un...

Le roi n'était pas certain qu'Élie allait mettre sa menace à exécution. Quand il arrive au torrent, il est bouleversé devant l'ampleur du carnage. Comment va-t-il annoncer à Jézabel l'élimination radicale de tous les prêtres de Baal ? Élie, percevant son trouble, lui dit pour l'encourager : « Remonte au sommet, mange et bois, car j'entends le grondement de la pluie. »

À l'annonce de cette nouvelle qu'il espérait tant, Achab se sent reverdir, au point de vite laisser dans l'ombre de sa conscience les moyens utilisés par Élie pour justifier la fin de la sécheresse.

« Va, dit encore Élie, je te suis. » Et il se met à grimper lui aussi. Mais difficilement. Il ne se sent pas bien. Ses jambes flageolent et tout son corps tremble. Sans le jeune serviteur qui l'accompagne, il ne serait pas arrivé au sommet.

Une fois là-haut, bien après le roi, il s'assied, épuisé. Et comme s'il voulait retourner en enfance, il se recroqueville en position fœtale, la tête entre les genoux. Il est loin dans l'épuisement, perdu dans ses pensées. Après un moment, il se redresse et dit à son serviteur : « Monte tout en haut, je t'en prie, jusqu'à la crête, et regarde vers la mer. »

Le garçon grimpe et regarde. De retour près d'Élie, il lui dit : « Il n'y a rien du tout, absolument rien.

– Ce n'est pas possible, répond Élie, pas possible. Regrimpe et regarde mieux, mais surtout tends bien l'oreille. Moi, j'entends quelque chose. »

Le serviteur s'exécute et regrimpe une fois, deux fois... Des mouettes, oui, tant qu'on veut, mais du côté de la mer, rien. À la septième fois, il dit : « Je vois un nuage, un rien de nuage, pas plus grand que la main d'un homme, et encore, la main d'un enfant. Mais il vient de la mer, ça oui. » Alors Élie, tout excité et d'un coup guéri de son épuisement, lui crie : « Va vite dire au roi qu'il attelle son char et descende au plus vite s'il ne veut pas que des torrents lui barrent la route. »

Et de fait, le vent se lève, le ciel s'obscurcit et une pluie diluvienne se met à tomber.

Élie jubile. Torse nu au milieu des éclairs et du tonnerre, il se met à courir en riant devant les chevaux du roi. Le corps lumineux et trempé, il ne court plus, il vole. Et il rit, il rit, jusqu'à l'entrée de la ville.

Je n'aime pas du tout ce miracle m'as-tu-vu. Quel est le sens de ce duel d'holocaustes ? Je ne supporte pas ce bras de fer mortel entre deux zèles assassins et je déteste la question : « Qui est de Baal et qui est de Yahvé ? » Qu'est-ce que c'est que cette façon d'en mettre plein la vue pour remporter le marché des croyances ? Le pire, c'est que l'Élie du Carmel ne cessera de faire des adeptes tout au long de l'histoire, comme si la foi était sans cesse défigurée par l'idéologie. Est-ce que Dieu peut nous faire perdre la raison ? « Prenez garde à la religion, répétait un de mes professeurs de théologie, elle peut ensemencer l'épouvante. » Et Paul Ricœur, qui m'a si bien entraîné dans les recoins les plus secrets du récit, m'a beaucoup marqué quand il interrogeait sans concession la parole qui s'impose durement. Je retiens en particulier cette formule lapidaire qui n'a cessé d'orienter mes pas et résume si bien la folie d'Élie au bas du Carmel : « Plus une parole est forte et plus la tentation est grande de l'imposer fortement. » En disant cela, le philosophe de *Temps et Récit* ne critique pas la force de la parole. Il n'est pas interdit de brûler ! La mollesse aussi peut être assassine, comme l'indifférence et comme le cynisme. Mais brûler ne veut pas dire incendier. L'enjeu n'est pas de modérer le feu et moins encore de l'étouffer, mais de réussir cette chose rare et belle : plus je brûle intérieurement et plus je partage ma brûlure sobrement. On peut dire aussi : plus une parole est forte et plus il faut la délivrer faiblement.

Quelle folie s'empare d'Élie au torrent de Qishôn ? Et quelle ivresse le défigure quand la pluie arrive et qu'il se précipite, orgueilleux et drogué, devant le char du roi ? Je ne le reconnais pas. Je ne reconnais pas le magicien de l'huile et de la farine. Je ne reconnais pas le locataire de la chambre haute qui a su rappeler la vie sur le visage d'un petit garçon. Et je ne suis pas le seul à m'interroger.

Plusieurs Pères de l'Église, comme Basile de Césarée au IVe siècle, gênés par ce monstrueux massacre, tentent d'expliquer qu'il ne s'agit pas d'une vengeance mais d'une fidélité à la loi de Moïse prescrivant la peine de mort contre les idolâtres. Et que Moïse lui-même, « cet homme d'une douceur extrême », dit Basile, n'a pas hésité à faire éliminer ceux qui avaient adoré le veau d'or.

Je ne suis toujours pas convaincu. Et heureux qu'un poète que j'emmène partout, Jean

Grosjean, ne le soit pas non plus. Lui aussi trouve ce massacre insupportable, alors il vient se glisser à l'intérieur même du texte biblique, comme il le fait souvent. Car il y a les versets et ce qui se joue entre les versets. Du coup, imagination pour imagination, qu'est-ce qui empêche de regarder Élie autrement et d'oser une petite pirouette en fin de chapitre ?

Grosjean pense donc que pendant le feu d'artifice déclenché par Élie en actionnant le détonateur Yahvé, les prophètes de Baal se sont mêlés à la foule, certains sincèrement, d'autres par opportunisme, pour se convertir ou pour se protéger. Et que, finalement, un seul est capturé. L'homme arrêté tente de plaider sa cause. Le roi lui-même, devenu bon prince et jouant la complicité, s'approche d'Élie et intercède en faveur du prophète engagé par sa femme. Élie les écoute et explique qu'il a la responsabilité de protéger le peuple contre ceux qui l'égarent.

« J'entends, s'efforce de répliquer le roi, mais faut-il égorger pour cela ?

– Égorger, égorger ! s'énerve Élie, qui le prend très mal. T'es-tu déjà bien regardé ?

Comme si tu n'avais pas, toi aussi, du sang sur les mains ! »

Le prophète garrotté sent que l'escalade risque de lui être fatale. N'ayant plus rien à perdre, il interpelle Élie et se lance à son tour dans la bagarre de l'argumentation : « Ne sommes-nous pas prophètes, toi et moi ? Pourquoi l'un est-il le vrai et l'autre le faux ? N'avons-nous pas le même idéal, la même sincérité ? Ne brûlons-nous pas du même feu ? Est-il si grave de n'avoir pas le même dieu ? Ou de n'en avoir pas ? Mais peut-être as-tu raison. Peut-être me suis-je fourvoyé sur ma propre route. Qui peut s'assurer d'être toujours au clair avec l'intime de sa foi ? Vas-tu me mettre à mort parce qu'à tes yeux je me suis trompé de prière ?... »

Élie est déstabilisé. L'homme de Jézabel vient de le frapper au cœur de ses propres interrogations. Il tente de rester debout mais il est à terre. Le roi s'en est allé. La foule s'est retirée. Il ne reste que le serviteur de Baal, et ce n'est plus un adversaire. Alors Élie se met à pleurer. Et il le libère.

II

La montagne du retournement

L’homme perdu

Le rire d’Élie ne va pas dépasser la nuit. Et pourtant tout le pays raconte son exploit, à commencer par le roi, tellement soulagé par le retour de la pluie qu’il n’en finit pas de vanter les mérites du prophète, y compris devant Jézabel, jusqu’à la rendre folle. Il jubile et elle enrage. Car tout s’est passé si vite qu’elle n’a rien vu venir. Hier encore, elle tenait le beau rôle. En faisant venir des vivres de l’étranger, elle adoucissait la famine et se faisait applaudir par le peuple. « La reine au moins prend soin de nous », disait-on de maison en maison. Et voilà que ce prophète de malheur est venu lui voler sa sécheresse avec la complicité de son vantard de mari. Sa blessure d’orgueil coule à flot continu. Elle fulmine et se jure de l'éliminer au plus vite, ce va-nu-pieds du désert.

« Tu vas voir, lui fait-elle dire par son messager, je ne te lâcherai plus d'une semelle. Partout où tu iras, j'irai. Et je vais te transpercer comme tu as transpercé mes prophètes. Que les dieux me fassent mal, plus mal encore, si dans les heures qui viennent je ne parviens pas à te réduire en charpie. Tu vas payer ton crime très cher, magicien des enfers ! »

La colère de sa femme n'effraie plus le roi. Maintenant que la pluie est revenue, son trône s'est bien restabilisé. Et il se dit qu'Élie saura où se cacher. Pas du tout ! Il a pris peur, Élie, et se sent comme paralysé. Hier, seul contre tous, il osait faire face à un ennemi innombrable. Aujourd'hui, il ne parvient même plus à se faire face à lui-même. Totalement dégrisé après la pluie miraculeuse, il est perdu et ne sait plus à quel saint se vouer. Alors, sans réfléchir, sans même examiner la route, il part précipitamment, droit devant.

Tantôt il court, tantôt il titube. Son serviteur tente bien de le rassurer, rien ne vient apaiser le tremblement qui s'est emparé de lui. Parfois, à la simple vue d'une ombre, Élie plonge à plat ventre dans le bas-côté du chemin. Ou alors, parce qu'un arbre est légèrement secoué par le vent, il le prend pour un policier de la reine et lève les mains pour se rendre à lui. Il ne sait pas que la Phénicienne le croit encore endormi dans le sommeil de son succès, à proximité du palais, et qu'elle va donner ses ordres trop tard. Si bien que le voilà à l'entrée de Beer-Sheva, une ville du royaume de Juda que sa pire ennemie ne contrôle pas. Mais même là il se sent pourchassé par Jézabel. Il arrive que les démons intérieurs nous talonnent de si près que nous ne trouvons pas la moindre cachette au-dedans de nous pour leur échapper.

Élie voit bien qu'à la tombée du jour la terre s'apaise. Mais son âme ne parvient plus à se reposer. Alors, les yeux pleins de larmes, il demande à son fidèle compagnon de s'arrêter là et de le laisser. « Je sais que tu ne comprends pas, lui dit-il, et que tu voudrais vraiment poursuivre à mes côtés pour me protéger. Je t'en remercie du fond du cœur.

Mais ce n'est pas possible. Maintenant je dois être seul. Tout à fait seul. »

Et il s'enfonce au désert.

Après une journée de route, terrassé de fatigue et de découragement, il aperçoit un genêt et rampe plus qu'il ne marche vers lui. Arrivé au pied de l'arbuste et comme saoulé par ses fleurs odorantes, d'un coup il s'affaisse. Qu'est-ce qui l'a mis dans un tel état en quelques heures ? Les menaces de Jézabel ne peuvent pas tout expliquer. Est-il travaillé par la mise à mort des quatre cent cinquante prophètes ? Comment a-t-il pu s'enfoncer aussi loin dans la violence ? Est-ce vraiment Yahvé qui a commandité un tel massacre ou Élie s'est-il fabriqué une divinité à la hauteur de son orgueil ? Déchiré par le buisson d'épines de ses doutes, il n'est plus qu'un enfant perdu dans le froid du désert. C'est à peine s'il trouve encore la force de prononcer les mots de son désespoir : « C'en est assez, mon Dieu, je n'irai pas plus loin. Tu vois bien que je ne suis pas à la hauteur de la tâche. Pourquoi m'as-tu appelé quand tu savais ma fragilité ? J'arrête ici. Reprends ma vie car je ne suis pas meilleur que mes pères. Laisse le sommeil m'emporter définitivement. »

Et il s'endort.

Je ne veux surtout pas minimiser le désespoir d'Élie et me voiler la face en me disant que, pour lui, c'est juste un mauvais moment à passer. Dans la vie, il nous arrive de connaître des hauts et des bas et, pour certains d'entre nous, des bas parfois très bas. Je trouve que ces jours-là, il peut être bon de se laisser rejoindre par la fragilité des prophètes.

Ce qui me frappe dans le Poème biblique, c'est que les prophètes ne sont pas des héros. Et moins encore des dévots. Mon vieil ami Gérard Bessière les regarde comme les « bergers de l'humaine transhumance ». J'aime beaucoup son expression. Elle me rappelle un parcours sur les chemins de grande transhumance, des bords de la Crau à la chaîne du Galibier. Vingt jours de traversée, trois cent cinquante kilomètres d'un pèlerinage vital pour le berger et ses moutons. L'occasion de « réciter des chapelets de villages », me dit

Pierre Deruaz, magnifique berger des mots, avant d'arriver aux « vacances de l'herbe ». Ainsi, l'« humaine transhumance » indique qu'on ne s'installe pas définitivement. Elle parle d'humus, d'humilité, d'appartenance à la terre, mais une terre qu'il faut traverser. Faire transhumance, c'est monter vers les prés d'en haut et puis, avant l'hiver, descendre vers les prés d'en bas, les prés des Mers, du côté de la Durance.

Les prophètes sont des gens de la route qui osent franchir la porte des saisons. Ils savent, quand une terre s'assèche, vers quelles herbes nouvelles il faut marcher. Ils sentent les rythmes du monde. Ils palpent les battements de la terre des hommes et parviennent à prendre le pouls des grands chemins intérieurs. Ce sont des perceurs de brèche qui réussissent à interroger leur époque avec une lucidité décapante. Mais l'étonnant, c'est qu'au départ Dieu ne va pas chercher ces accoucheurs d'avenir parmi les têtes de classe de la haute école des affaires sacrées. Il les prend comme ils sont, là où ils sont, au cœur de la vie la plus ordinaire. Et quand il leur dit : « Va ! », souvent ils ne veulent pas aller et tentent de trouver une échappatoire.

Moïse, par exemple. Il est inouï, le dialogue entre Yahvé et son petit berger (Exode 3 et 4, 1-12). Un jeune garçon si doux qu'il ne ferait pas de mal à la plus modeste fleur du désert. Et c'est à lui que l'Éternel demande d'aller délivrer son peuple en Égypte.

« Mais qui suis-je, répond le garçon, pour aller vers Pharaon et faire sortir les fils d'Israël ?

– Je serai avec toi, lui dit Yahvé.

– Je veux bien, réplique Moïse, mais s'ils me demandent qui m'envoie, que vais-je leur répondre ?

– Tu leur dis que celui qui t'envoie s'appelle “Je suis”.

– Et j'aurai l'air de quoi en disant ça ? »

Comme Yahvé n'entend pas abandonner la partie, il change d'argumentation et demande : « Qu'est-ce que tu as dans la main ?

– Un bâton, répond Moïse. Mon bâton de berger.

– Jette-le par terre ! »

Il obéit et le bâton devient un serpent. Alors que Moïse s'enfuit, effrayé, Yahvé lui ordonne : « Reviens ! Avance la main et attrape le serpent par la queue. » Terrorisé, le garçon s'exécute en tremblant et dès qu'il touche la queue elle redevient bâton. Yahvé dit : « Avec ça, ils te croiront. »

Le petit berger n'est toujours pas convaincu. Alors il tente une dernière esquive : « De grâce, Seigneur ! Je ne suis pas habile à parler, ni depuis hier, ni depuis avant-hier, ni en ce moment… car j'ai la bouche pesante et la langue embarrassée. » Là, l'Éternel éclate : « Qui a donné une bouche à l'homme sinon moi ? Maintenant, va ! Je serai avec ta bouche et je t'inspirerai ce que tu devras dire. »

Même chose pour Jérémie et le doux récit de sa vocation (1, 4-12). Je pense à ces quelques mots, au tout début du livre, où Yahvé lui fait entendre le poème de son appel :

Avant de te façonner dans le sein de ta mère,
Je te connaissais.
Avant que tu ne sortes de son ventre,

Je t'ai consacré.
Je fais de toi un prophète pour les nations.

Aussitôt, Jérémie réplique : « Mais, mon Seigneur, je ne saurai jamais parler en public, je suis bien trop jeune. » À quoi le Seigneur répond : « Ne dis pas : "Je suis bien trop jeune", mais va voir ceux vers qui je t'envoie et n'aie pas peur d'eux car je suis avec toi. »

Et pour que cet encouragement prenne corps, Dieu avance la main, touche la bouche de son petit prophète et l'intronise en disant : « Reçois ces paroles que je mets dans ta bouche et sache qu'aujourd'hui je te donne autorité pour déraciner et pour renverser, pour bâtir et pour planter. »

Et comme s'il fallait encore convaincre Jérémie que le prophétisme n'attend pas le nombre des années, le Seigneur lui pose cette question : « Que vois-tu, Jérémie ?

– Ce que je vois, c'est un rameau d'amandier, l'arbre vigilant.

– C'est bien vu, répond le Seigneur, parce que je veille sur ma parole pour qu'elle s'accomplisse. »

Élie, lui, est un peu moins modeste que Moïse et Jérémie… Au départ, il se sent bien dans sa vocation. Il aurait même tendance à se faire plus catholique que Dieu lui-même. Ce qui ne l'empêche pas d'être fragile et de passer parfois du pic de l'enthousiasme au gouffre du découragement. Avec cette justification interpellante pour expliquer qu'il rend son tablier : « Je ne suis pas meilleur que mes pères. » Était-ce donc cela, le moteur de son engagement : faire mieux ? Comme si faire aussi bien ou presque aussi bien n'était pas déjà formidable. Depuis quand Élie s'était-il mis en tête que le prophétisme est une compétition ? Et que s'il ne parvenait pas à dépasser ses prédécesseurs, le déshonneur serait sur lui ?

Heureusement, il arrive que le compétiteur s'écroule. Ainsi, il y a deux mille neuf cents ans, un prophète traverse ce que le docteur Yves Prigent appelle la « maladie de l'homme perdu ». Et Dieu sait qu'Élie est perdu sous son genêt épineux, foudroyé en pleine transhumance.

Je ne veux pas faire l'éloge de la dépression

et dire que si un jour elle devait me paralyser, ce serait tant mieux ! Comme s'il y avait là un chemin initiatique indispensable à qui veut s'aventurer en eau profonde. Je n'oublie pas que la dépression, quelquefois, nous disloque. Nous sommes comme désarticulés. Un étranger est entré en nous. Étranger à nous, il nous rend étranger aux autres et à nous-mêmes. C'est le côté blessure de la fêlure. Mais cette faille peut aussi, parfois, provoquer un appel d'air qui va rafraîchir la maison. Du coup, l'expérience dépressive révèle la présence d'une nappe phréatique qui alimente des sources que nous n'entendions plus chanter. La brisure annonce alors le printemps d'un relèvement.

Pour que le prophète trop timide ou découragé se redresse à l'arrivée des beaux jours, le texte biblique évoque l'amandier qui s'appelle, en hébreu, le « veilleur » à cause de sa floraison hâtive. Si d'aventure je devais m'endormir d'un sommeil froid, j'espère qu'une voix s'approcherait et me demanderait, comme à Jérémie : « Que vois-tu ? » ; alors je répondrais : « Je vois un rameau de l'arbre hâtif », et la voix me dirait : « Tu as bien vu, car je vais me hâter d'accomplir ma parole. »

Mais pour que la parole se hâte au sortir de l'hiver, on a parfois besoin d'une plume secourable.

L'ange boulanger

Et voici qu'un ange se tient à son chevet. Même en dormant, Élie aurait pu deviner une présence floconneuse toute proche de son visage. Il suffit parfois d'un souffle de neige pour que la vie revienne dans l'embrasure du sommeil. Mais l'ange, dans un silence de soie, se contente de le regarder. Ce n'est pas nouveau. Il le regarde depuis longtemps, mais jamais d'aussi près.

Au torrent de Kérit, n'était-ce pas lui, déjà, l'ange de la générosité des corbeaux ? À Sarepta, chez la veuve et son fils, à l'écart et sans bruit, l'ange de l'huile et de la farine ? Et quand, malgré la providence du pain quotidien, l'enfant s'étiolait à vue d'œil, lui encore qui, dans la chambre haute, mêlait son souffle au souffle d'Élie ?

Sur la montagne du Carmel, il a pris peur devant les gesticulations du prophète en feu. Et quand à la fin du spectacle pyrotechnique il a vu les prêtres de Baal se faire égorger un à un, il s'est senti en loques, comme si Élie venait de lui briser les ailes. C'est qu'un ange n'est pas tout-puissant. Il n'a pas toujours la force d'arrêter le bras qui va frapper. Il tente bien de se glisser dans les interstices quand nous laissons des interstices. Et si nous fermons la porte à nos failles, il ne parvient plus à entrer.

Après avoir contemplé le sommeil d'Élie, l'ange lui glisse d'abord à l'oreille quelques mots dont les traces s'évanouissent dans les sables du rêve. Puis il lui touche la main. Cette caresse aussi a fait son chemin. La grande qualité de l'ange, c'est la patience. L'ange d'Élie ne veut pas forcer. Il sait les terreurs de sa nuit et le grand désert intérieur qu'il ne parvient plus à traverser. Pour l'arracher à sa désespérance, il ne veut rien précipiter. On n'amène pas un fruit à maturité dans l'urgence. Mais en y regardant de près, il a vu que le sommeil d'Élie mûrissait et qu'arrivait le moment de le cueillir. Alors, en lui secouant doucement l'épaule, il hausse un peu la voix : « Lève-toi et mange. »

Élie entrouvre les yeux et voit, près de sa tête, une galette cuite sur des pierres chauffées et une cruche d'eau. C'est que l'ange de l'encouragement est aussi boulanger. Il sait bien que la vie intérieure a souvent besoin d'une bonne tranche de pain frais. Et pour que la galette lui soit encore plus goûteuse, il souffle sur les fleurs du genêt qui imprègnent le repas d'un agréable parfum descendu du ciel. L'ange, pour que son travail soit complet, bénit alors de son aile droite le silence de ce pain.

Élie, dans un semi-sommeil, tend la main, prend le pain et mange. Il saisit la cruche et il boit. La fraîcheur de l'eau et le croustillant de la miche donnent aussi de l'appétit à son âme, qui se sent toute ravigotée.

Rassuré, l'artisan boulanger croit pouvoir s'éloigner un peu puisque, par vocation, il se tient proche dans la distance. Mais à peine a-t-il tourné le dos qu'Élie replonge dans son sommeil. On ne sort pas d'une grande fatigue sans dormir à répétition. Alors, l'ange revient et le secoue juste un peu plus fort. Il lui dit à nouveau : « Lève-toi et mange ! Car le chemin qui t'attend sera long. »

Cette fois-ci, le commandement se fait plus pressant. Il arrive que la guérison demande un peu de rudesse pour se mettre en route. L'ange le sait bien, qui le pousse au départ, comme si souvent dans les textes sacrés : « Va ! »

Élie se lève, il mange, il boit, puis, fortifié par cette nourriture (qu'a donc mis l'ange dans la farine pour que la galette lui donne un tel coup de fouet ?), il se met en route sans savoir encore l'ampleur du retournement qui l'attend.

Des histoires d'anges, la Bible en déborde. J'en ai choisi deux qui m'accompagnent depuis longtemps.

La première, au livre de la Genèse (16 et 21), me touche beaucoup car elle concerne un petit garçon dans le désert de Beer-Sheva, celui-là même que le prophète Élie est en train de traverser. Le récit nous emmène d'abord dans la maison d'Abraham, où le patriarche s'est installé avec Sara. L'un et l'autre sont découragés car, malgré toutes leurs prières et leur longue patience, Sara ne parvient pas à avoir d'enfant. En désespoir de cause, elle pousse son vieil époux (il a quatre-vingt-six ans !) à se tourner vers Hagar, sa servante égyptienne, afin de donner un avenir à la dynastie. Et ça marche ! Enceinte d'Abraham, Hagar lui donne un fils, Ismaël, assurant ainsi la descendance qu'il attendait. Mais ce miracle en cache un autre puisque, juste après, Sara attend famille à son tour. On comprend son rire et sa joie à la naissance d'Isaac.

Voilà donc Abraham avec deux garçons. Si les choses avaient été simples – mais elles le sont rarement dans le texte sacré –, les deux frères auraient pu jouer et grandir ensemble tout naturellement. Au début, c'est ainsi que cela se passe. Mais au fil des jours, Sara s'éloigne de la belle générosité dont elle avait fait preuve au temps de sa stérilité. Plus question de partager ! Son humeur s'assombrit au point qu'elle interpelle rudement son vieux mari et lui dit : « Chasse la servante et son fils. Je ne veux pas qu'Ismaël hérite avec Isaac.

– Mais c'est aussi mon fils ! » réplique Abraham, en colère.

Là, Dieu intervient. « Ne te fâche pas, dit-il. On va régler ça. C'est par Isaac qu'une descendance portera ton nom mais je ferai aussi d'Ismaël une grande nation. Tes deux fils sont appelés à un magnifique destin. Tu peux rencontrer l'humeur de Sara en toute confiance... »

Un peu rassuré, même si un voile d'inquiétude le recouvre encore, Abraham se lève de bon matin, prend du pain et une cruche d'eau, qu'il donne à Hagar, met le petit Ismaël sur ses épaules et les conduit tous les deux jusqu'à l'entrée du désert. Son cœur est tout chamboulé quand il les laisse aller...

Hagar, déjà très éprouvée par la dureté de cette expulsion, ne sait pas quand une oasis apparaîtra à l'horizon. Mais son inquiétude se met à galoper quand elle voit que l'eau va s'épuiser. Elle marche encore quelques centaines de mètres, au bord du désespoir, car elle sent bien que l'enfant ne va pas résister. Effondrée, elle tente en un ultime effort d'atteindre un arbuste sous lequel elle dépose le petit, puis elle s'assied, un peu à l'écart, car elle ne supporte pas de le voir mourir. Ismaël et sa mère ne sont plus qu'un long gémissement. C'est alors que, du ciel, un ange l'appelle : « Qu'as-tu, Hagar ? Ne crains pas, car Dieu vous a entendus. Lève-toi ! Relève l'enfant, tiens-le par la main et dis-toi que Dieu fera de lui une grande nation. » Un peu secouée, Hagar ouvre les yeux et aperçoit un puits avec de l'eau. Elle remplit l'outre et fait boire le garçon. Son fils grandira, ajoute encore le Poème, et il s'installera au désert sous le regard bienveillant de son Dieu.

Comment ne pas penser à Élie sous son genêt ? Il est à la fois Ismaël et Hagar, fragile et découragé. Mais l'ange aussi est au rendez-vous. Un ange encore plus présent dans ma seconde histoire au livre des Juges (6, 11-40), et que le garçon dont je vais parler n'hésite pas à secouer de temps en temps.

Tout se passe, comme souvent dans le

Premier Testament, sous un térébinthe. Un pistachier, si on préfère. Un arbre magnifique, regardé comme sacré car il reste toujours vert. Gédéon est un tout jeune garçon. Dans un pressoir caché au milieu des rochers, juste à côté du térébinthe, il est en train d'effruiter le blé. L'endroit paraît un peu insolite car, d'habitude, le blé est battu dans un lieu visible de loin, bien exposé au vent. Mais Gédéon a peur que l'ennemi voisin ne vienne s'emparer de la récolte. Je dois préciser que là où ils se trouvent après être sortis d'Égypte, les fils et les filles d'Israël sont en grande difficulté. Ils ont installé leur campement dans les montagnes, les failles, les grottes, les points escarpés, mais régulièrement les gens de Madiân viennent en force faire la razzia sur les moutons, les bœufs, les ânes et surtout le blé. D'où la prudence de Gédéon.

L'ange de Yahvé, qui s'est assis sous le térébinthe, lui fait signe et lui dit : « Yahvé est avec toi, vaillant guerrier ! » Gédéon, que la flatterie angélique n'impressionne pas du tout, réplique avec une douce ironie : « Pardon, mon seigneur ! Si Yahvé était vraiment avec nous, comment expliquer ce qui nous tombe dessus ? Où sont donc toutes les merveilles que nous racontaient nos pères quand ils affirmaient : “Yahvé ne nous a-t-il pas fait sortir d'Égypte ?” Ah oui, sortir. Et maintenant il nous a abandonnés et livrés au pouvoir de Madiân. »

À ce moment-là, Yahvé lui-même prend le relais de l'ange et, s'adressant à Gédéon, lui dit : « Va avec la force que tu as. N'est-ce pas moi qui t'envoie ? » Sans hésiter, Gédéon réplique : « Que dis-tu là, mon Seigneur ! Comment sauverais-je Israël ? Ma famille est la plus faible de la tribu de Manassé et je suis, moi, le plus jeune dans la maison de mon père ! » À quoi Yahvé répond : « Je serai avec toi ! Et tu battras Madiân comme si son armée n'était composée que d'un seul homme. »

Mais Gédéon est têtu. Il veut une preuve que Yahvé lui a bien parlé et il lui demande : « Veux-tu m'attendre un moment, le temps que je revienne vers toi avec une offrande ? » Yahvé lui dit : « J'attends. » Voilà le garçon de retour avec de la viande de chevreau, un pot de jus et des pains sans levain. Il dépose le tout sous le térébinthe. L'ange réapparaît et lui dit : « Prends la viande et les pains et pose-les sur cette roche, puis répands le jus. » Ce que fait Gédéon. L'ange, avec l'extrémité du bâton qu'il tient à la main, touche la viande et les pains. En un éclair, le feu jaillit du rocher et consume la nourriture offerte. Aussitôt fait, l'ange disparaît. Gédéon comprend qu'avec ce feu jaillissant sans avoir été allumé, le messager de Dieu vient de consacrer le lieu.

Mais cela ne suffit pas encore… Gédéon réclame un dernier signe avant de lancer l'assaut contre Madiân. Il dit à Dieu : « Si tu veux sauver Israël par ma main comme tu l'as dit, voici que je vais étendre sur le sol une toison de laine. Si, demain matin, il n'y a de la rosée que sur la toison et si tout le terrain alentour reste sec, je saurai que tu veux sauver Israël par ma main. » Et il en est ainsi. En se levant, le lendemain, Gédéon presse la toison et en fait sortir la rosée, une pleine coupe d'eau. Après quoi il dit à Yahvé : « Je t'en prie, ne t'énerve pas, et que ta colère ne s'enflamme pas contre moi… mais je te demande une dernière chose, une toute dernière : que tu inverses le signe, que la toison seule reste sèche et qu'il y ait de la rosée sur tout le terrain. » Et il en est ainsi…

Dans ce récit, je trouve admirable cet impératif qui est aussi un des plus beaux encouragements de la Bible : « Va avec la force que tu as. » Parfois, quand nous sommes fatigués, peut-être découragés, nous nous posons la question de Gédéon : « Comment puis-je accomplir cette tâche impossible ? Ma famille est si fragile et moi si petit. » Joie d'entendre alors la réponse céleste : « Va avec la force que tu as ! » Si tu la trouves trop faible et trop large la souffrance du monde, dis-toi que c'est beaucoup, un peu. Ce n'est pas rien de croire avec un peu de foi, d'espérer avec un peu d'espérance, d'aimer avec un peu d'amour. Et surtout n'oublie pas : « Tu battras Madiân comme si son armée n'était composée que d'un seul homme. »

Je crois que, dans la vie, un ange nous accompagne. Un ange boulanger.

En Afrique, il fabrique plutôt un pain de blé dur qu'on appelle là-bas le « blé du soleil ». En Amérique latine, il s'agit surtout d'un blé de maïs. Mais l'ange boulanger peut aussi mélanger les céréales, le blé, l'orge, le seigle, l'épeautre, très attentif à faire vivre sans cesse son levain.

Il n'appelle pas à croire ou à ne pas croire mais à avoir faim. Alors il dépose un pain à notre chevet. Pas qu'un pain qui nourrit. Un pain qui guérit. Un pain qui arrache au découragement et répare les blessures. Jour après jour, saison après saison, même à notre insu, et même quand elle est épuisée, il donne souffle à notre chair. Et le moment venu, quand elle s'essoufflera, c'est lui qui viendra recueillir doucement notre dernier souffle. Après… les chemins peuvent diverger. Moi je crois que ce dernier souffle, il va l'emporter avec lui pour le mettre à l'abri en attendant de nous le réinsuffler au jour de notre relèvement.

Il est important de veiller sur son ange. Il en a bien plus besoin qu'on ne l'imagine. Important également de lui permettre de s'absenter. Lui aussi doit prendre l'air quelquefois. C'est que s'il est capable de solitude, il aime rejoindre de temps en temps la grande fraternité des danseurs ailés.

Ne chassons pas les anges. Que ferions-nous sans eux lorsque nous sommes prisonniers ? Enfermés, surtout, dans nos propres cellules intérieures ? Sans faire de bruit, ils passent les murailles, ils franchissent les grilles, endorment les geôliers et délivrent les condamnés.

Quand certains me disent que c'est légende tout ça, je leur réponds que c'est une bonne légende, et que la légende des anges, justement, en son sens premier, nous aide à relire notre vie. S'ils ne sont toujours pas convaincus, je leur pose alors cette simple question : « Quand nous aurons chassé les anges de nos campagnes, qui entonnera encore l'hymne des cieux ? »

Le Dieu poème

Quel chant pousse Élie vers l'Horeb pendant quarante jours et quarante nuits ? Quel regard l'appelle ? Quelle voix lui dit que pour rejoindre la source, il faut se mettre en quarantaine ? A-t-il en mémoire son grand devancier, Moïse, qui a jeûné tout ce temps-là sur la montagne sacrée ?

Ce chemin des pèlerins du désert existait bien avant lui. Il marche donc dans la tradition, « passant considérable », dirait Mallarmé, engagé dans un corps à corps avec la part divine qui est en lui. Et le chemin le réinvente, pas après pas, la nuit surtout. Il va beaucoup mieux. Il n'a plus peur derrière. Il n'a plus peur devant. Il se tient dans l'instant. Et chaque instant lui offre une petite part d'éternité. Mais sa mise en route est aussi une mise en doute. Car au fur et à mesure que le feu reprend, une question le poursuit : que va-t-il dire à Dieu ? Est-ce que sa mission continue ? Toujours déterminé, il a besoin d'être conforté.

Arrivé à l'Horeb, il aperçoit une sorte de grotte, comme une caverne au milieu des rochers, et il s'y couche pour y passer la nuit. Replié sur lui-même comme s'il entrait à nouveau dans le ventre de sa mère, il se love dans sa propre cavité. Il vient à peine de s'assoupir qu'une voix le réveille : « Comment ! Toi ici, Élie ? »

Dieu fait l'innocent ! Il ironise, mais d'une ironie pleine de tendresse pour son porte-parole un peu trop zélé. Élie croit devoir s'expliquer : « Je suis agité d'une passion furieuse, Dieu de l'univers. Je t'aime tellement que je ne peux plus supporter la façon d'agir des enfants d'Israël : ils ont abandonné ton alliance, ils ont démoli tes autels et ils ont tué tes prophètes. Il ne reste que moi, et ils cherchent à m'ôter la vie.

– Sors de ta cachette, lui dit Dieu, et

tiens-toi sur la montagne devant moi, car je vais passer. »

Le même impératif que pour Moïse à qui le Seigneur avait dit : « Voici un lieu près de moi. Tu te tiendras sur le rocher. Alors, quand passera ma gloire, je te mettrai dans le creux du rocher et, de ma main, je t'abriterai tant que je passerai. Puis j'écarterai ma main et tu me verras de dos ; mais ma face, on ne peut la voir » (Exode 33, 21-23). Magnifique image de la main qui s'écarte et du dos qui s'en va. Mais ce dos est beau. Ce n'est pas rien de suivre un Dieu qui a beau dos ! Élie aussi ne verra Dieu que de dos. Mais il ne le sait pas encore.

Au moment où Dieu passe, un ouragan secoue la montagne et brise les rochers.

Mais Dieu n'est pas dans l'ouragan.

Après l'ouragan, un tremblement de terre.

Mais Dieu n'est pas dans le tremblement de terre.

Après le tremblement de terre, un feu.

Mais Dieu n'est pas dans le feu.

Après le feu, un son de fin silence.

Ce son si doux n'est pas du tout rassurant. Élie n'a jamais entendu Dieu respirer d'aussi près. Et du coup, il se voile le visage avec son manteau. Est-ce pour apaiser son prophète ébranlé à l'entrée de la grotte que la voix, encore elle, feint à nouveau la surprise : « Toi ici, Élie ? »

Étonnant redoublement ! Comme si Dieu voulait boucler la boucle et secouer son prophète jusqu'au bout, s'assurer en tout cas qu'il a bien compris. À moins qu'il ne veuille donner à sa parole, comme souvent, le rythme répétitif qui lui va si bien. Élie, lui, se demande plutôt si Dieu, en vieillissant, ne devient pas un peu perdu, au point d'oublier qu'il a déjà posé la question il y a quelques minutes. Alors, avec patience envers ce vieux Dieu qu'il admire, mais avec la même détermination, il répète, mot à mot, sa profession de foi amoureuse : « Je t'aime tellement que je ne peux plus supporter… », etc., etc.

Je ne crois pas que Dieu présente les symptômes de la maladie d'Alzheimer… Mais il a changé en vieillissant. Il s'est adouci. Le tremblement n'est plus qu'un murmure. Et c'est à dessein qu'il repose la question : « Toi ici, Élie ? » À peine une question, juste le parfum d'une petite musique : « Qu'est-ce que tu fais là ? » Dieu sait bien ce qu'Élie fait là. Mais il veut que son prophète réalise au grand jour ce qu'il a perçu dans l'obscurité. Élie sait bien que Dieu l'a entendu. Mais ça lui fait du bien de redire que les fils d'Israël perdent la tête, qu'il s'est enfui, qu'il a échappé au massacre, que la reine Jézabel ne va pas en rester là, et que ce n'est plus une vie !

Élie n'imaginait pas à quelle conversion il était appelé, vers quel ailleurs il se trouvait entraîné et quel dépouillement lui était demandé : changer de Dieu ! Quitter Dieu pour rejoindre Dieu au-delà de Dieu. Croire plus humblement et entrer dans le grand silence où habite l'Absent du samedi. Le samedi saint d'Élie. C'est que plus tard, parce que la liturgie chrétienne se veut pédagogique, en trois jours tout sera dit : le pain du jeudi, la croix du vendredi et, le dimanche, la pierre roulée devant le tombeau. Mais le samedi, rien, absolument rien. Et si ce vide avait été plus long et plus plein qu'on ne le dit ? Un samedi qui a duré des semaines, des années peut-être, avant qu'un petit bout d'alléluia ne commence à germer sur des lèvres gercées. Qui dit que l'alléluia d'Élie n'a pas pris, lui aussi, le chemin d'une lente maturation ? Combien de temps est-il resté là-haut pour mesurer que Dieu se tenait tout en bas, jusqu'à fréquenter les enfers ? Un « Dieu des abîmes » comme l'appelle Isabelle Le Bourgeois, qui « connaît par cœur ces ruelles sombres et ces forêts touffues qui nous habitent ».

Sous son genêt, au désert, Élie en savait quelque chose, de ces ruelles sombres. Mais l'ange l'avait sorti de là. Du coup, encore plus déterminé qu'un nouveau converti, il est venu à la montagne pour crier sa foi, et y recevoir, bien sûr, la gerbe du vainqueur. N'avait-il pas mérité l'or olympique après cette lutte implacable qui avait laissé le dieu adverse au tapis ? Il espérait surtout une apparition à la hauteur de son propre combat, qu'un Dieu de feu le confirme dans sa vocation et lui offre, comme à Moïse, un feu d'artifice digne de son exploit. Quarante jours qu'il y rêvait. Quarante jours de marche et de privation avant le face-à-face grandiose sur la scène de l'Horeb. La résurrection, enfin ! Malgré son long chemin spirituel, il ne savait pas encore que la résurrection n'est pas une tempête, ni un feu, ni un tremblement. Juste une faille. Moins que ça. Une infime échancrure par où peut passer un souffle. Une haleine. Une buée. Une goutte de rosée sur le fil du matin. Un battement d'aile. Même pas d'un ange. D'un papillon.

Je regarde le vol du papillon… Si je le suis des yeux, je sais qu'il m'appelle parfois à entrer dans le poème de la montagne.

Entrer dans le poème est une manière de vivre. Un enfant y entre naturellement à moins de deux ans. Quand il joue, quand il chante, quand il rit, quand il pleure, quand il dort, il y a du poème en lui. Jean-Marie Kerwich, un poète gitan qui se présente lui-même comme « chiffonnier des mots », montre bien que le poème vit avec nous dans l'ordinaire des jours, depuis l'éboueur qui parle à sa poubelle jusqu'à la fourche qui n'en peut plus à la fin des moissons. Mais le poème s'assied aussi dans l'escalier de l'immeuble, « pour regarder une femme de ménage se faire insulter par son chef », écrit-il dans *L'Évangile du gitan*.

En gravissant les chemins qui le rapprochaient du sommet, Élie ne savait pas qu'il allait pénétrer dans le poème de l'Horeb. Pour y entrer avec lui, je me réfugie dans la crèche de ma vieille étable-oratoire et je pratique ce que j'aime appeler mon petit rituel de l'Horeb.

J'allume d'abord une bougie. Je fais ça souvent. Chaque fois qu'on me confie quelqu'un, sa joie, sa souffrance, sa naissance, sa mort aussi. Une belle bougie. Celle qui brûle en ce moment est d'un magnifique rouge intime, ce qui est rare, discret mais présent. J'accorde beaucoup d'importance à la qualité de la flamme, j'aime particulièrement lorsqu'elle palpite à l'intérieur, comme par transparence, mais pas trop vite. Ce cœur qui bat au ralenti met déjà dans une ambiance d'accueil et de contemplation.

Je m'assieds au bord de la mangeoire.

Je prends le Poème et je le dépose sur une petite table ou sur mes genoux.

Je me tais et je tends l'oreille.

Il se peut qu'un ange passe. Un moine-poète m'a dit qu'il passait parfois entre les pages et que son aile lui servait de signet.

J'ôte mes sandales. C'est ce que Moïse a fait face à plus grand que lui. Le Livre ouvert est plus grand que moi. Je dois être pieds nus pour fouler le sol de l'Écriture.

Je me penche et je prends un verset. Rien qu'un. Peut-être même un morceau de verset. Je le dépose dans le creux de ma main. Et je l'interroge. En fait, chaque lecteur, chaque traducteur l'interroge à sa façon. Moi, un de mes jeux préférés, c'est de recueillir quelques-unes de ses réponses et de les déposer, côte à côte, pour en faire un poème. Un poème dans le Poème.

Donc… j'ouvre la page à l'endroit de la surprise d'Élie : Dieu n'est pas dans l'ouragan, pas dans le tremblement de terre, pas dans le feu mais dans un son de fin silence. Ce son-là, les traducteurs, dont beaucoup sont poètes, lui donnent chacun leur tonalité.

J'égrène à voix haute, lentement, ce petit bout de verset sans cesse revisité :

Et après le feu...
Un son doux et subtil
Une voix, un silence subtil
La voix subtile du silence
Le bruit d'une brise légère
Un bruit de fin silence
Le bruissement d'un souffle ténu
Le bruissement d'un subtil murmure
Le murmure d'un silence qui s'évanouit.

Des écrivains se sont aussi emparés de ce verset. Frédéric Boyer : « Un bruit qui a la douceur de la poussière. » Sylvie Germain : « Un inaudible soupir. » Elle dit également : « Un brin de silence qui vibre, à peine, et qui s'en va. Dieu. » Et Jean Grosjean : « La douceur d'une haleine et comme une odeur d'iris. »

Voilà ce que j'appelle entrer dans le poème. Au fil du temps et en répétant ce petit rituel, on comprend que cette entrée n'est pas innocente, qu'elle nous transforme, qu'elle nous émeut, qu'au sortir du texte nous ne sommes plus tout à fait les mêmes et que de verset en verset *Dieu lui-même a changé.*

Quand l'interdit étouffe, quand l'actualité torture, quand l'agonie affole, quand le deuil désespère… Dieu « s'amenuise ». Il sait bien qu'un mot, parfois, un mot trop haut, un mot trop fort, trop enflammé, peut paralyser au lieu de redresser. Il sait bien qu'un mot d'ouragan, un mot de tremblement, un mot de feu peut écraser au lieu de sauver. Et Dieu ne veut plus de ce Dieu-là. Après une retraite de quarante jours et quarante nuits, Dieu se convertit à l'Horeb. Pauvre Élie ! Il ne s'attendait pas à si peu. Si peu de gloire surtout. Si on lui avait dit un jour qu'il était bon de croire avec si peu de Dieu !

Plus tard, beaucoup plus tard, un enfant va naître, qui fera plusieurs fois allusion à Élie. Il ne s'est pas caché dans une grotte, il y est né. Je suis très ému par la façon dont un moine-poète du XIIe siècle, Bernard de Clairvaux, évoque dans *À la louange de la Vierge Mère* la venue de cet enfant à la crèche. C'est tout proche du passage de Dieu devant la grotte d'Élie. Il contemple le tout-petit couché dans une mangeoire et il écrit : « On y voit la lumière qui ne brille pas, la Parole qui ne parle pas, l'eau qui a soif, le pain qui a faim. Si tu regardes bien, tu vois la puissance gouvernée, la sagesse instruite et la force soutenue. Et, pour finir, Dieu allaité mais nourrissant les anges, vagissant mais consolant les malheureux. Regarde bien : vois la joie affligée, la confiance avoir peur, le salut souffrir, la vie mourir, la force devenir faible. »

Je repense à l'ange boulanger. Je crois qu'il a offert à Élie de l'eau qui avait soif et du pain qui avait faim. Et je comprends la surprise du prophète quand il découvre au sommet de l'Horeb un Dieu allaité nourrissant les anges…

III

Le manteau magique

Le laboureur des étoiles

En redescendant de la montagne, Élie marche tout bas. L'inaudible soupir le renvoie à la case départ : « Va, retourne par le même chemin vers le désert de Damas. »

Ce ne sera pas, ce ne sera plus jamais le même chemin. Ni le même « Va ! ». Élie était venu vers un Dieu de grand vent qu'il souhaitait recevoir à pleine face, et il s'en retourne avec, dans le dos, le Dieu d'un souffle ténu. À ce moment-là, la révélation biblique change de visage et c'est le mouvement prophétique lui-même qui tombe à la renverse. Dieu ne veut pas éteindre le feu qui brûle encore son prophète, mais lui faire accueillir un feu tout à fait nu et sans artifice, parce que, désormais, le feu a épousé l'intimité.

L'ange boulanger se tient à distance d'Élie sans le quitter des yeux. Il sait la descente incertaine et réel le risque d'un éboulement intérieur. Il est rassuré quand il voit qu'Élie ralentit le pas et prend même le temps de faire halte pour cueillir un bouton-d'or ou écouter le chant d'un moineau, comme si la brise légère qui l'accompagnait commençait à trouver la faille.

Au bout d'un long moment de sable bien plus fraternel qu'à l'aller, il arrive dans le vert et le brun d'un nouveau paysage. Après avoir salué quelques prairies et fait signe à de vieux arbres fruitiers, il se trouve en bordure d'un champ. Personne ne s'intéresse à lui. Comme le champ est vaste et les travailleurs nombreux, il n'est pas rare que des passants s'arrêtent pour admirer le ballet des charrues. Voyez donc : douze paires de bœufs ! Et qui labourent en parallèle ! Mais quelqu'un dirige le mouvement. L'homme qui fait danser tout ce monde en belle harmonie s'appelle Élisée. Laboureur réputé dans la région, fils de laboureur, il conduit lui-même le douzième attelage sur lequel les autres s'alignent. Il a bien vu qu'un homme quittait la route et traversait le champ dans sa direction. Que veut-il ? Que cherche-t-il ? A-t-il une information à lui transmettre, un service à lui demander ?

Arrivé à hauteur d'Élisée, Élie jette sur lui son manteau et poursuit son chemin… C'est bien le manteau qu'il portait à l'Horeb et avec lequel il s'était couvert le visage au sortir de la grotte. En le jetant sur Élisée, il en fait le manteau de l'appel et invite le laboureur à le suivre. Pas un mot n'est prononcé. Le geste est ici plus fort que la parole. On peut imaginer que les deux hommes se regardent en silence, juste un instant, et deviner la stupeur d'Élisée. Comme ça, d'un coup, à toute vitesse, en plein travail et en plein champ ! Quelqu'un, un jour, s'en souviendra dans un autre Testament. Mais avec un mot : « Viens ! » Ou deux : « Suis-moi ! » Rien de cela ici, et plus que cela, puisque c'est le vêtement lui-même qui se fait parole. Il est noble et puissant, ce rite de l'enveloppement et, à travers lui, l'idée qu'il faille habiller l'appel.

Élisée se ressaisit, abandonne ses bœufs et se précipite vers Élie qui est déjà loin. « Pourquoi cours-tu comme ça ? C'est oui ! »

Élie semble ne pas broncher.

« Je te dis oui, c'est oui ! répète Élisée. Mais laisse-moi d'abord embrasser mon père et ma mère et puis je te suivrai. » Quoi de plus normal ? Il a quitté les siens, tôt le matin, pour retrouver ses ouvriers dans le feu des labours, et il abandonnerait tout ce petit monde sans le saluer ?

Élie n'en a cure et réplique avec une dureté presque glaçante : « Va, retourne, que t'ai-je fait ? Reprends ton travail. Est-ce que je t'ai demandé quelque chose ? »

Mais qu'a-t-il donc compris à l'Horeb ? Certains interprètes, choqués par la violence de cet arrachement, et pour tenter d'un peu adoucir la rudesse d'Élie, pensent qu'il s'est exprimé en souriant, secrètement heureux qu'Élisée le suive, mais tendre et moqueur envers son nouveau disciple : « Je t'appelle, mais sens-toi vraiment libre. » Ce n'est pas du tout la lecture de l'Évangile qui, bien plus tard, va durcir et même radicaliser le propos d'Élie. Quelqu'un dit à Jésus : « Je vais te suivre, Seigneur, mais d'abord permets-moi de faire mes adieux à ceux de ma maison. » À quoi Jésus répond, sans appel : « Quiconque met la main à la charrue puis regarde en arrière n'est pas fait pour le Royaume de Dieu » (Luc 9, 61-62). Même aujourd'hui, certains responsables religieux pensent que la vocation passe par un arrachement. Pas de conversion sans radicalisme. Comme si l'engagement le plus solide et le plus durable ne pouvait pas s'exprimer dans la sobriété du peu.

Élisée va faire en quelque sorte d'une charrue deux coups : répondre à l'urgence de l'appel et dire adieu à sa parenté. Il retourne à son champ, sacrifie sa paire de bœufs, fait un feu avec la charrue pour cuire la viande et offre un banquet à celles et ceux qui travaillent avec lui ; puis il suit Élie et se met à son service. Voilà qui donne une couleur bien plus humaine à sa vocation. Car en brûlant sa charrue et en sacrifiant ainsi son outil de travail, il indique clairement qu'il s'engage à retourner de nouveaux champs. Il sera désormais laboureur des étoiles et ensemenceur de terres intérieures.

Au moment de quitter son domaine de riche propriétaire terrien, Élisée observe le cal de ses mains. Que d'hectares de patience pour faire fleurir un champ ! Il jette un dernier regard sur ce lieu où il a grandi, cette ferme, ces étables, ces sentiers où, tout petit déjà, il poursuivait les poules et les poussins... Il revoit les fêtes à la fin des moissons, les vergers en musique, les lampions suspendus dans les arbres fruitiers. Et quand il repense à l'haleine des bœufs et à l'odeur du grand fumier qui transpirait d'aisance au milieu de la cour, des larmes d'attendrissement lui rappellent qu'il a beaucoup aimé cette vie rurale rude et solitaire, mais fraternelle aussi. Car le mal qu'on se donnait sur ces vastes étendues savait créer de belles solidarités. Les jours suivaient les jours, les saisons les saisons, toujours semblables et toujours différentes, dans la répétition de rituels qui donnaient à la vie une saveur de stabilité.

Derrière Élie, Élisée va découvrir la saveur

du dénuement. Et d'abord du dénuement de l'âme. À la ferme, l'âme était constante. On priait Dieu pour la récolte. On l'implorait. On le remerciait. Mais Dieu était Dieu, qui régnait sur l'abondance comme sur la disette. Avec Élie, Élisée a l'impression que Dieu change parfois de saison durant la même journée. Mais il découvre surtout un Dieu qu'il ne connaissait pas, fragile, incertain, et tellement ordinaire. Quand Élie fait halte dans un pré pour parler à son disciple de son Dieu bouton-d'or, Elisée le voit marcher pieds nus dans l'herbe du monde.

Les mois passent et Élie vieillit. Il marche moins mais il rit plus. Pas aux éclats comme au tout début. D'un rire plus léger. Si Élisée avait connu l'Horeb, il aurait pu l'appeler un rire de fin silence.

Jusqu'il y a peu, il arrivait encore qu'Élie aille ici et Élisée là, et puis qu'ils se retrouvent pour la sieste ou pour rompre le pain. Mais depuis quelque temps, Élie voit bien qu'Élisée ne le lâche plus d'une semelle. Et il aimerait bien que son disciple lui laisse un peu de liberté. Ainsi, un matin, alors que l'un et l'autre viennent de quitter la localité de Guilgal, Élie dit à Élisée : « Reste ici ! Le Seigneur m'envoie à Béthel. » Mais Élisée lui répond : « Pas question ! Aussi vrai que le Seigneur est vivant et que tu es vivant, je jure que je ne te quitterai pas ! »

Ils se rendent donc ensemble à Béthel. Il y a là une communauté de prophètes. Certains d'entre eux prennent Élisée à part et lui disent : « Sais-tu qu'aujourd'hui le Seigneur va enlever ton maître dans les airs, par-dessus ta tête ?

– Oui, je sais. Taisez-vous ! Ne me parlez pas de cela. »

Un peu plus tard, Élie interpelle à nouveau Élisée : « Reste ici ! Le Seigneur m'envoie à Jéricho. » Mais Élisée lui répond : « Pas question ! Aussi vrai que le Seigneur est vivant et que tu es vivant, je jure que je ne te quitterai pas ! »

Ils se rendent donc ensemble à Jéricho. Les prophètes qui y résident s'approchent eux aussi d'Élisée et lui disent : « Sais-tu qu'aujourd'hui le Seigneur va enlever ton maître dans les airs, par-dessus ta tête ?

– Oui, je sais. Taisez-vous ! Ne me parlez pas de cela. »

Élie, une troisième fois, ordonne à Élisée : « Reste ici ! Le Seigneur m'envoie au Jourdain. » Mais Élisée répond : « Pas question ! Aussi vrai que le Seigneur est vivant et que tu es vivant, je jure que je ne te quitterai pas. »

Ils partent donc ensemble au Jourdain. Cinquante jeunes prophètes sont là qui restent à distance tandis qu'Élie et son disciple se tiennent au bord de l'eau. Élisée se dit avec un grand sourire intérieur : « Cette fois-ci on n'ira pas plus loin ! » Il se trompe. Car Élie prend son manteau, l'enroule et en frappe les eaux qui se divisent de part et d'autre, permettant ainsi à tous les deux de passer à pied sec.

Au sortir de la traversée, Élie demande à Élisée : « Que puis-je faire pour toi avant d'être enlevé loin de toi ?

– Que vienne sur moi, je t'en prie, une double part de l'esprit prophétique qui t'inspire.

– Une double part ! Tu demandes une chose difficile à satisfaire. Toutefois, si tu me vois au moment où je serai enlevé loin de toi, alors ta demande se réalisera ; si tu ne me vois pas, c'est qu'elle ne se réalisera pas. »

Alors qu'ils continuent de marcher et converser, voilà qu'un char étincelant tiré par des chevaux éclatants de lumière les sépare l'un de l'autre. Et en un élan, Élie monte jusqu'au ciel dans un tourbillon de feu et de vent. Devant ce prodige qui ne le réjouit pas du tout, Élisée, effondré, se met à crier : « Mon père ! Mon père ! Tu valais tous les chars et tous les cavaliers d'Israël ! » Puis, ne le voyant plus, il empoigne ses vêtements et, de douleur, les déchire en deux lorsqu'il aperçoit, sur le sol, le manteau qu'Élie a laissé tomber de ses épaules. Il le ramasse, revient sur ses pas, s'arrête devant la rive du Jourdain et frappe les eaux avec le manteau en disant : « Où est le Seigneur, le Dieu d'Élie ? Oui, où est-il ? » Puis il frappe encore l'eau du fleuve qui se divise de part et d'autre et il se met à traverser.

L'apercevant d'en face, depuis Jéricho, les jeunes prophètes s'exclament : « Le souffle d'Élie s'est posé sur Élisée ! » Alors ils vont à sa rencontre et s'inclinent jusqu'à terre devant lui : « Vois, lui disent-ils, nous avons avec nous cinquante hommes courageux. Permets-leur de partir à la recherche de ton maître, car peut-être que le souffle du Seigneur, après l'avoir enlevé, l'a jeté sur une montagne ou dans une vallée. » Mais Élisée leur répond : « Non, n'envoyez personne. »

Cependant, ils insistent tellement qu'il finit par céder. Ils envoient donc leurs cinquante hommes qui vont chercher Élie pendant trois jours sans le trouver. Quand ils reviennent à Jéricho où est resté Élisée, celui-ci les secoue : « Je vous avais bien dit de ne pas y aller ! Élie a rejoint le souffle ténu. Mais dans vos maisons, vous pouvez l'attendre. Ne fermez jamais la porte. Et à table, gardez toujours une chaise vide… »

Dans la Bible, le manteau est regardé comme un bien très précieux qui symbolise, en Orient, la personnalité et les droits de son propriétaire. Vêtement ample et sans manches qu'on met par-dessus ses autres habits pour se garantir du froid et du mauvais temps, il peut aussi, la nuit, servir de couverture. Et comme les pauvres n'ont souvent qu'un seul manteau, en cas de dettes on ne peut le leur retirer que durant la journée. Il faut le leur rendre pour la nuit, comme il est écrit au livre de l'Exode : « Si tu prends en gage le manteau de ton prochain, tu le lui rendras au coucher du soleil, car c'est la seule couverture dont il enveloppe son corps. Sinon, dans quoi se coucherait-il ? » (22, 25-26). Le Second Testament en garde mémoire quand Jésus dit à ses disciples : « À qui veut te mener devant le juge pour prendre ta tunique, laisse aussi ton manteau » (Matthieu 5, 40).

Avec les prophètes, cette grande cape d'une seule pièce, faite souvent de laine ou de lin, deviendra un peu plus rude en se composant de peaux de bêtes cousues ensemble. Mais surtout, le manteau prophétique aura la réputation d'être habité d'une force particulière. L'Évangile raconte d'ailleurs l'histoire de la femme qui souffre de pertes de sang depuis douze ans et qui s'approche de Jésus par-derrière en se disant : « Si j'arrive seulement à toucher son manteau, je serai guérie »

(Matthieu 9, 21). Ou un peu plus tard, du côté de Génésareth, celle de tous ces malades qu'on lui amène en le suppliant de les laisser seulement toucher la frange de son manteau. « Et tous ceux qui la touchèrent furent guéris » (Matthieu 14, 36). Ce manteau si précieux, il arrive qu'on le donne à celui avec qui on va faire alliance, comme Jonathan à l'égard de David (1 Samuel 18, 4), mais en d'autres circonstances, il n'est pas rare qu'on l'enlève et qu'on le déchire, en signe de colère, de tristesse ou de deuil.

Avec Élie, le manteau va connaître un destin plus large encore, et à plusieurs reprises.

D'abord à l'Horeb, quand il se couvre le visage à l'entrée de la caverne, comme Moïse au buisson ardent. Il « emmitoufle ses faces dans sa cape », traduit Chouraqui pour exprimer le frémissement de l'homme devant plus grand que soi.

Dans la suite, quand Élie quitte la montagne pour rejoindre les terres d'Élisée, son manteau va lui permettre de poser un des plus beaux gestes qui soient dans la grande traversée biblique, un appel sous le manteau qui n'a rien de clandestin mais dit quelque chose du mystère de la vocation. C'est qu'il y a bien des manières d'appeler. On peut appeler d'un mot. On peut appeler d'un cri. On peut appeler d'un regard. On peut appeler d'un signe de la main. On peut aussi appeler d'un manteau. Comment Élie pose-t-il ce geste ? On a l'impression que ça se passe très vite. Le contexte laisse entendre qu'il exécute son mouvement en marchant, comme si l'appel était pressé et qu'il n'y avait pas de temps à perdre. D'ailleurs, Élisée court pour le rattraper. Mais peut-être Élie ne fait-il qu'effleurer son nouveau disciple avec la frange du vêtement ? C'est que le manteau aussi peut avoir été converti par le souffle ténu. Élisée découvrira plus tard qu'une grâce s'en échappe, car lui, le manteau, il a vu Dieu de face.

La danse du manteau apparaît encore au dernier acte, à l'heure de la séparation. Je ne me lasse pas de redire ce poème de l'impossible éloignement. À trois reprises, la répétition du même verset, le même balancement rythmé entre le « Reste ici ! » et le « Pas question ! », avec en arrière-fond le chœur des prophètes qui vient retourner le couteau dans la plaie d'Élisée. Il ne sait que trop bien que son vieux maître s'en va. Pourquoi le lui rappeler tout le temps ? Alors, comme il arrive dans nos propres familles quand on espère un dernier répit, Élisée garde l'espoir de vivre encore un moment aux côtés d'Élie, ce que le Jourdain va peut-être encourager. Quelle chance que la route soit barrée ! Maintenant, il ne pourra plus fuir. Joie d'accueillir ce confinement dans le secret…

C'est compter sans le manteau d'Élie et son troisième mouvement. Car après avoir jeté le manteau sur son propre visage et ensuite sur Élisée, Élie va le jeter sur le Jourdain. A-t-il Moïse en mémoire au moment où celui-ci fend les eaux de la mer Rouge ? Ce jour-là, le Seigneur dit : « Lève ton bâton, étends la main sur la mer, fends-la : et que les fils d'Israël pénètrent au milieu de la mer à pied sec » (Exode 14, 16). Ou se souvient-il de Josué devant le Jourdain, quand les Israélites chargés de l'arche de l'Alliance entrent dans les eaux du fleuve qui s'arrêtent tout d'un coup (Josué 3) ?

Les voilà de l'autre côté. Fini de jouer au chat et à la souris. Élie s'en va. Et il le dit clairement à Élisée, en adoucissant la rudesse de l'affirmation par la douceur de la question : « Il est moins cinq mais, dis-moi, puis-je encore faire quelque chose pour toi ? » Alors, du tac au tac et sans complexe, Élisée énonce cette demande tellement forte quand on l'entend dans la saveur gustative de l'hébreu : « Une bouchée de deux ! » Ou plus clairement : « Que deux bouches de ton souffle soient en moi. » Il est réaliste, Élisée, et plus sobre qu'il n'y paraît. La double part d'héritage, dans la tradition biblique, revient au fils aîné. N'est-il pas, lui, l'aîné spirituel d'Élie ? Encore faut-il qu'il se montre à la hauteur de l'héritage. Demander le double de la puissance prophétique ne relève pas d'un orgueil déplacé pour surpasser le maître mais de la modestie d'un disciple qui a besoin d'être rassuré : « Donne-moi deux fois ton souffle spirituel pour que je sois capable de te succéder malgré toutes mes limites. »

Le vieux manteau d'Élie n'a pas encore fini son œuvre, ni le geste son plein accomplissement. Un long geste en quatre temps. Et à chaque fois le texte est précis : Élie enlève son manteau, il le fait tomber de ses épaules et s'en sépare un moment avant de s'en revêtir à nouveau. Mais cette fois-ci, la séparation est définitive et le geste plus fondateur encore puisque le manteau tombe du ciel.

Là, je trouve Élisée un peu rapide ou le récit biblique trop pressé. Le disciple vient à peine de déchirer son vêtement dans la tristesse de voir partir son maître qu'il se précipite pour ramasser l'héritage. Pas une seule respiration entre les deux versets ! En réalité, je me demande si Élisée ne s'approche pas lentement du manteau couché sur le sol, et ne prend pas le temps de contempler et d'apprivoiser ce vêtement d'investiture. Il est en droit d'être ému et même d'un peu trembler devant cette double peau qui va désormais recouvrir la sienne. En droit d'être inquiet aussi. Car qui prouve que, même avec la double part, il sera capable d'entrer à son tour dans la grande geste prophétique ? Il ne peut donc s'approcher du manteau qu'avec précaution, le caresser peut-être, avant de le soulever avec délicatesse et rejoindre le Jourdain. Je ne peux que trembler avec lui en ce moment de vérité…

Il roule le manteau et frappe les eaux en s'écriant : « Où est Yahvé, le Dieu d'Élie ? »

Rien. Le fleuve continue à couler.

Il sent monter l'angoisse : demander la double part était-il suffisant ? Aurait-il dû dire à Élie : « Trois fois, ton souffle ! Je suis si fragile » ? Un terrible doute l'envahit : la magie du manteau est-elle transmissible ? Il tente de se ressaisir et frappe à nouveau à coups de manteau en criant à plusieurs reprises : « Où est Yahvé, le Dieu d'Élie ? » Et cette fois les eaux s'ouvrent. Il est bien l'héritier ! D'ailleurs les collègues, au loin, applaudissent.

Après avoir traversé le fleuve et avant de rejoindre le balcon de l'actualité qui l'attend déjà, on peut imaginer qu'Élisée va vivre un grand moment de solitude.

Ce beau geste du manteau d'Élie, je crois qu'il nous appartient. Ce souffle prophétique n'est pas réservé à quelques-uns. À défaut d'en recevoir une « double part », chacune, chacun peut en avoir un petit bout en héritage et refaire alors cette jetée créatrice sur quelqu'un qui a faim, qui a soif, qui est nu, malade, étranger ou en prison… Tant d'hommes et de femmes voudraient que les eaux s'écartent, avec l'espoir de rejoindre une rive plus hospitalière. Il ne s'agit pas de leur promettre l'impossible mais de jeter un manteau de compassion sur les eaux de leur désarroi pour ouvrir en eux le chemin d'une possible traversée. Ou de réveiller une source qui s'était tue pendant leur grande sécheresse, pour qu'elle se remette à chanter.

Le magicien des lumières

Où Élie s'en est-il allé ? Les « cinquante hommes courageux » mobilisés par les jeunes prophètes de Jéricho ont-ils bien cherché après son envol ?

La tradition musulmane, qui parle beaucoup de lui, réinterprète complètement sa montée tourbillonnante sur un char de feu. Pour elle, tout se passe un vendredi. Élie, en sortant de la mosquée, voit soudain un cheval de lumière aux ailes multicolores. Le cheval le regarde et lui dit : « Approche-toi, ô prophète d'Allah, car je suis là pour toi. » Élie s'approche, saisit la bride et monte sur le cheval. À ce moment, l'ange Gabriel qui, dans l'islam, ne cesse de jeter des ponts entre Dieu et les prophètes intervient : « Ô Élie, vole où tu voudras avec les anges, car Allah t'a donné des ailes et fait de toi un homme-ange, à la fois terrestre et céleste. » Le cheval ouvre alors ses ailes et se met à voler avec Élie sur son dos, d'est en ouest, sur terre, sur mer et dans le ciel. Ce qui explique qu'Élie, depuis lors, réapparaisse en de multiples situations : il guérit les malades, guide ceux qui se perdent dans le désert, se rend chaque année en pèlerinage à La Mecque et prie tous les vendredis à la mosquée…

La tradition juive n'est pas en reste. Elle voit Élie partout. Car il n'est pas mort ! Oui, il a bien été enlevé sur un char de feu, il n'empêche que dans la littérature rabbinique, il reste un personnage clé en perpétuel mouvement. Il apparaît, disparaît, va et vient entre ciel et terre avec un don d'ubiquité hors du commun. C'est d'ailleurs bien parce qu'on attend son arrivée que lors des fêtes de la Pâque (*Pessah*), pendant le repas rituel du *seder*, on laisse pour lui la porte ouverte et une coupe de vin sur la table. Ainsi, l'homme perdu sous les genêts du désert se promène aujourd'hui parmi les siens, plus vivant que jamais. Fil d'Ariane dans le labyrinthe des interprétations, Élie se trouve à la fois en amont et en aval de la loi, n'hésitant pas à la transgresser au nom d'un bien qu'il juge supérieur. De cette façon, il assure la continuité du souffle prophétique et apparaît comme une figure de rupture qui n'hésite pas à entamer un dialogue critique avec Dieu.

En fait, Élie et Dieu sont rarement d'accord ! Le prophète de feu se trouve en ce sens à l'exact opposé de Moïse. Le doux Moïse tente de modérer Dieu. Dieu l'invite d'ailleurs lui-même à le calmer : « Retiens-moi, sinon je vais faire un malheur ! » Avec Élie, à l'inverse, c'est Dieu qui doit tempérer les choses : « Du calme, Élie, du calme… » Pas étonnant que celui qui annonce le Messie et la fin des temps soit devenu le maître de ceux qui n'en ont pas ! Et qu'il incarne à lui seul le débat entre les diverses conceptions de la divinité. On comprend donc que dans les commentaires du Talmud, les *aggadoth* du Talmud de Babylone en particulier, ces récits narratifs très vivants, parfois drôles, souvent poétiques, Élie se montre « déguisé » et surgisse en de multiples circonstances de la vie quotidienne, jusqu'à se glisser dans les conversations et intervenir dans des réunions où il n'a pas été invité… Très attentif à celles et ceux qui se trouvent en difficulté, on le voit aussi apparaître dans les maisons des pauvres à la sortie du shabbat, pour les aider quand recommencent les jours profanes. À l'autre extrême, il intervient auprès des monarques pour plaider la cause du peuple d'Israël persécuté en exil. Sans compter qu'il entre dans les synagogues à Yom Kippour et visite régulièrement les maisons d'étude des docteurs de la loi pour répondre à leurs questions spirituelles.

Ainsi, dans le *Livre de la Première Porte* (*Baba Kamma*), le Talmud raconte que le prophète Élie fréquente régulièrement le collège de Rabbi, un notable connu et respecté. Un jour – le premier du mois – il se fait tard et Élie n'est toujours pas là. Lorsqu'il arrive enfin, Rabbi lui demande la cause de son retard. « J'ai dû réveiller Abraham et lui laver les mains », répond Élie.

Ce geste de laver les mains suppose une grande confiance du maître à l'égard de son disciple. D'ailleurs, au second livre des Rois, il est écrit : « Il y a ici Élisée, fils de Shafath, qui versait l'eau sur les mains d'Élie » (3, 11). Verser l'eau sur les mains de quelqu'un définit une identité et la proximité d'une relation.

« Mais encore ? insiste maître Rabbi.

– J'ai attendu qu'Abraham ait prié, puis je l'ai recouché. Ensuite, j'ai fait de même pour Isaac et pour Jacob.

– Pourquoi ne les as-tu pas réveillés en même temps ?

– Ils auraient songé à unir leurs prières et auraient pu faire venir le Messie prématurément… »

Dans un autre récit stimulant emprunté au *Livre des Jeûnes* (*Ta'anith*), Élie intervient encore de manière bien singulière. Rabbi Béroka de Be Hozé est au marché de Beth Léphet à regarder les gens lorsque le prophète Élie – « que sa mémoire soit bénie », dit le texte – apparaît au milieu des badauds. Rabbi Béroka lui demande : « Y a-t-il dans ce marché quelqu'un qui participera au monde à venir ?

– Non, personne », répond Élie.

Sur ces entrefaites passe un homme qui porte des souliers noirs et n'a pas de franges rituelles à son vêtement. « Celui-là aura part au monde à venir », dit Élie en le désignant. Rabbi Béroka l'interpelle mais l'homme ne répond pas. Alors, il lui court après et, tout en marchant, lui demande le métier qu'il exerce. « Pas maintenant, répond le passant. Reviens demain. »

Le lendemain, rabbi Béroka le retrouve au même endroit et lui pose la même question. « Je suis geôlier, répond l'homme. Je garde les prisonniers, les hommes d'un côté, les femmes de l'autre. La nuit, je mets mon lit entre eux, de sorte qu'ils ne commettent pas de péché. Et si, par ailleurs, je remarque qu'un païen convoite une fille d'Israël, je fais tout pour la sauver, même au péril de ma vie.

– Pour quelle raison portes-tu des chaussures noires ? demande encore rabbi Béroka.

– Je porte le deuil de Jérusalem.

– Et pourquoi n'as-tu pas de franges à ton manteau ?

– Pour que les païens parmi lesquels je circule ne sachent pas que je suis juif. De cette façon, j'ai connaissance des complots ou des décrets qui se préparent contre les Juifs, et j'en informe les rabbins qui peuvent ainsi prier le Miséricordieux pour que ces décisions soient annulées.

– Lorsque je t'ai interrogé hier, tu m'as dit : "Pas maintenant. Reviens demain." Pourquoi ?

– Parce que je venais d'apprendre qu'on était en train de préparer un décret contre les Juifs. Je voulais envoyer au plus vite un message aux rabbins pour les en informer et qu'ils aient le temps de prier. »

À ce moment-là, deux autres hommes viennent à passer. Élie, qui a assisté à toute la conversation avec le geôlier, dit à rabbi Béroka : « Ceux-là aussi auront part au monde qui vient. » Aussitôt, rabbi Béroka se dirige vers eux. « Quelles sont vos occupations ? leur demande-t-il.

– Nous sommes des amuseurs. Lorsque nous voyons des gens tristes, nous les égayons ; et quand nous voyons deux personnes qui se querellent, nous faisons tout pour les réconcilier. »

Ainsi, tout au long de ces *aggadoth*, Élie, que le souffle ténu a bien converti (pour une fois, Dieu l'a emporté !), vient offrir la paix. On le voit notamment dans la Mishna (la première partie et la plus ancienne du Talmud) quand rabbi Juda déclare : « Le prophète Élie viendra pour rapprocher, non pour éloigner. » Et rabbi Simon : « Il viendra pour apaiser les dissensions. » Selon d'autres sages, Élie ne viendra ni pour éloigner ni pour rapprocher mais pour faire régner la paix sur le monde, car il est dit : « Voici, je vous enverrai Élie, le prophète, avant que le jour de l'Éternel arrive, ce jour grand et redoutable. Il ramènera le cœur des pères à leurs enfants, et le cœur des enfants à leurs pères » (Malachie 3, 22-24).

Ce grand converti de la réconciliation, l'Évangile va y faire allusion à plusieurs reprises, dès le départ déjà, puisque au tout début du texte de Luc l'ange qui s'adresse au vieux Zacharie lui dresse un magnifique portrait de cet enfant tant attendu qu'il n'espérait plus : « Sois sans crainte, Zacharie, car ta prière a été exaucée. Ta femme Élisabeth enfantera un fils et tu lui donneras le nom de Jean. Tu en auras joie et allégresse et beaucoup se réjouiront de sa naissance. Car il sera grand devant le Seigneur (…) et il marchera sous le regard de Dieu avec l'esprit et la puissance d'Élie » (Luc 1, 13-15 et 17).

Quand à l'âge adulte ce même Jean apparaît au bord du Jourdain pour y baptiser avec le succès que l'on sait, l'autorité centrale veut en savoir plus. Pas nécessairement pour lui barrer la route mais pour vérifier l'authenticité d'une parole nouvelle qui emporte pareille adhésion. Alors Jérusalem lui envoie une délégation de prêtres et de lévites chargés de l'interroger : « Qui es-tu ? Le Christ ?

– Je ne suis pas le Christ.

– Qui donc ? Élie ?

– Non !

– Le grand prophète annoncé alors ?

– Non plus ! »

Du coup, les délégués de la capitale osent une question plus personnelle.

À « Qui es-tu ? » ils ajoutent : « Que dis-tu de toi ?

– Moi ? Je suis la voix d'un crieur de désert ! » (Jean 1,19-23).

À l'époque, l'attente d'un prophète des temps derniers circule de manière diffuse, en insistant sur la figure d'Élie : une dernière fois, il doit stimuler la conversion à la veille du Jugement final. D'ailleurs, chez Matthieu, quand Jésus demande à la foule à propos de Jean : « Qu'êtes-vous allés voir au désert ? Un roseau agité par le vent ? Un homme vêtu d'habits élégants ? (...) Un prophète ? Oui, je vous le dis, et plus qu'un prophète. (...) C'est lui, l'Élie qui doit venir. Celui qui a des oreilles, qu'il entende ! » (Matthieu 11, 7-9 et 14-15). Et quand plus avant dans le texte Jésus lui-même demande à ses disciples : « Pour les gens, qui suis-je ? », ils évoquent les trois hypothèses qui circulent dans le public : « Pour les uns, Jean Baptiste ; pour d'autres, Élie ; pour d'autres encore, Jérémie ou l'un des prophètes » (Matthieu 16, 13-14).

Au bout de l'Évangile, au moment de mourir, Jésus s'écrie d'une voix forte : « *Eli, Eli, lema sabaqthani.* » Certains de ceux qui sont là disent en l'entendant : « Le voilà qui appelle Élie ! » Ils se trompent puisque *Eli* vient de *El*, « Dieu », accompagné du *i* possessif. L'évangéliste place donc sur les lèvres de Jésus ce cri du psaume 22 : « Mon Dieu, mon Dieu, pourquoi m'as-tu abandonné ? » Mais l'erreur prouve à quel point la référence à la figure du prophète est constante, jusqu'à la croix. Et l'allusion continue : « Aussitôt l'un d'eux courut prendre une éponge qu'il imbiba de vinaigre ; et il la fixa au bout d'un roseau pour lui donner à boire. Mais d'autres dirent : “Attends ! Voyons si Élie va venir le sauver” » (Matthieu 27, 46-49). D'un verset à l'autre, Élie entre compassion et moquerie.

J'en viens à présent aux deux moments les plus déterminants du retour d'Élie en début et en fin d'Évangile, à la synagogue et à la montagne.

Quand Jésus fait sa première homélie à la synagogue de Nazareth, les choses commencent plutôt bien puisque « tous exprimaient leur émerveillement pour les paroles de lumière qui sortaient de sa bouche » (Luc 4, 22). Mais juste après, au risque de casser le charme, et pour s'assurer qu'il n'y a pas d'erreur sur la personne, Jésus ajoute : « Croyez-moi, je vous le dis, aucun prophète n'est bien accueilli dans sa ville natale. Ce que je vous dis là est vrai : au temps d'Élie, il y avait beaucoup de veuves en Israël quand le ciel fut fermé durant trois ans et demi et que survint une grande famine dans tout le pays. Pourtant, ce ne fut à aucune d'entre elles qu'Élie fut envoyé, mais bien chez une veuve de Sarepta dans le pays de Sidon » (Luc 4, 24-26), c'est-à-dire une étrangère, comme plus tard la Samaritaine. En quelques secondes, l'admiration fait place à la stupeur. Tant que leur jeune rabbin répétait ce qu'on avait toujours dit, on ne pouvait que se réjouir : quelle chance, la relève était assurée ! Mais voilà qu'il interprète ! Qu'il actualise ! Pire : qu'il localise ! Lui, le fils du charpentier ! Alors ils se lèvent et l'expulsent hors de la ville avec l'intention de le jeter dans le précipice. Mais lui passe au milieu d'eux et va son chemin. Tout ça pour Élie…

En fin de parcours, à l'heure où le ciel s'assombrit, Jésus prend avec lui Pierre, Jacques et Jean et les emmène seuls à l'écart sur une haute montagne. « Il fut transfiguré devant eux, racontent les Évangiles, et ses vêtements devinrent éblouissants, si blancs qu'aucun blanchisseur au monde ne saurait blanchir ainsi. » L'histoire aurait pu rester suspendue un moment jusqu'à ce que la lumière s'apaise, mais voilà que deux hommes surgissent dans le blanc, Moïse et Élie, qui se mettent à converser avec Jésus. À ce moment-là, Pierre intervient : « Rabbi, comme on est bien ici ! Dressons trois tentes : une pour toi, une pour Moïse et une pour Élie » (Marc 9, 5).

Un blanc si blanc n'a qu'un temps. Après avoir levé le camp de l'éblouissement et une fois de retour au bas de la montagne, les disciples demandent à Jésus : « Pourquoi les scribes disent-ils qu'Élie doit venir en premier ?

– C'est juste, répond Jésus, Élie doit venir en premier pour remettre tout en ordre et ramener les cœurs des pères vers les fils. Mais en réalité, moi je vous le dis : Élie est déjà venu… »

ÉPILOGUE

Le maître des novices

Puisque Élie n'est jamais parti, puisqu'il se mêle encore à nos conversations d'aujourd'hui et continue à fréquenter des tas de personnages… je me suis dit qu'il avait sûrement rencontré Syméon. La Bible ne le dit pas, le Talmud non plus, mais certains retours d'Élie ont pu leur échapper. Alors qui dit qu'il ne s'est pas caché dans l'ombre du Temple quand Syméon y arrive, « poussé par le Souffle » (Luc 2, 27) ? Au même moment, Marie et Joseph y arrivent aussi, poussés par la loi. Une loi de Moïse qui impose à la mère un rite de purification quarante jours après la naissance d'un garçon. Quarante, comme pour Élie entre le buisson et la montagne. Pour une fille, c'est encore plus long. Et s'il s'agit d'un fils aîné, cette démarche rituelle le consacre à Dieu dans la gratitude, en mémoire de la libération d'Égypte. Ainsi, « tout garçon qui ouvre l'utérus de sa mère sera appelé "choisi par Dieu" » (Luc 2, 23). Ce « sacrifice de rachat » exige un agneau. C'est trop cher pour les parents de Jésus. Alors ils auront droit au tarif des indigents : « un couple de tourterelles et deux petits pigeons » (Luc 2, 24). « Financièrement, Jésus ne vaut pas grand-chose, m'a glissé un ami exégète. Au début, il est racheté pour deux tourterelles et, à la fin, vendu pour trente deniers. »

C'est donc une famille modeste qui entre sans bruit dans ce haut lieu de la religion agitée. Personne ne les remarque sauf un vieux rabbi retraité qui revient au Temple de temps en temps : Syméon. Comment expliquer que son nom chante en moi de si belle façon ? Peut-être parce que, petit garçon, quand on me racontait l'histoire de la Présentation au Temple, je sentais les trois syllabes de Syméon danser dans mes oreilles comme les crêpes dans la poêle de la Chandeleur, cette belle fête des chandelles qui célèbre la « lumière qui fait du bien », selon l'expression d'Olivier Clément. Aujourd'hui, j'aime surtout célébrer le rêve caché dans l'enveloppe de son appellation hébraïque. Car *Shûm'ôn* signifie mot à mot « Dieu a entendu ». Mais il en aura mis du temps à entendre. Quelle patience, Syméon ! Toute la tradition voit en lui l'histoire d'une consolation, l'usure d'une attente fatiguée par les siècles des siècles, mais la ténacité aussi d'une espérance qui s'est battue corps à corps pendant une si longue nuit. A-t-il vraiment guetté cent ans le lever du jour ? Plusieurs poètes le pensent. Ils disent même que plus il vieillit, plus il se tient à la lisière de la nouveauté.

Ce jour-là, le Souffle qui le pousse jusqu'à l'entrée du Temple lui semble d'une douceur exceptionnelle. Comme depuis des jours et des jours, le vieux maître se retrouve sur le seuil. Mais qui le voit encore ? Il fait à ce point partie du paysage, et depuis si longtemps, que plus personne n'y prête attention. Lui regarde. Il ne regarde pas comme tout le monde. Il regarde comme un homme qui s'est tellement dépouillé que son regard lui-même n'est plus encombré. Ses yeux sont plus doux et plus lumineux que toutes les lampes du sanctuaire.

Dans la cohue, au milieu des moutons et des tourterelles, il voit un jeune couple s'avancer avec un bébé. À quel moment leurs yeux se rencontrent-ils ? Et quel silence les enveloppe quand le petit change de bras ? Syméon porte l'enfant. Une expression hébraïque dit qu'on porte à la nuit comme on porte au jour. Est-ce que cela veut dire que la mort est capable d'enfanter ? Et que la vieillesse peut encore accoucher ? Le tout-petit que Syméon tient délicatement, il le blottit dans ses bras. Il le cache. Comme si la lumière du Temple était trop forte pour lui. Comme s'il fallait enfouir la Présentation et protéger le souffle ténu. Et pendant ce court moment où il le garde blotti, l'enfant le rajeunit. L'Ancien devient Nouveau et le Vieux devient Jeune. Du coup, Syméon ouvre le bal de la Chandeleur et se met à chanter : « Maintenant, ô Maître, tu peux laisser ton serviteur s'en aller en paix, selon ta parole. Car mes yeux ont vu le salut… » (Luc 2, 29-30).

Je ne mesurais pas qu'un jour, Syméon, ce serait moi... Et que dans le Temple d'une maternité, je blottirais un petit Élie dans mes bras.

Élie de ma joie, petit filleul arrivé dans une odeur d'iris, je bénis l'ange qui a encouragé le bruissement de ton souffle léger. Comme il m'a secoué en me disant que tu serais là au temps de l'amandier. C'est que tu avais hâte. Et tu as fleuri d'un coup à la mi-février. Je crois qu'il t'a touché l'épaule de son aile de lumière, et que ton sourire vient de là. Tu as reçu la tendresse d'un ensoleillement qui ne s'éteindra pas. Et ton soleil repose en ce moment dans le nid de mes bras... Que tu es petit ! Tu pourrais presque tenir dans la paume de ma main. Et que tu es grand ! Je n'ai jamais vu d'aussi près un miracle endormi.

Après un long moment, ma main droite se détache et vient te frôler. Elle est comme en apesanteur au-dessus de toi. Étrange et délicate sensation d'une main qui se pose sans se poser, comme s'il y avait une minuscule couche de buée entre elle et toi. Je sens qu'elle retient son souffle pour me laisser le temps de m'habituer avant que j'ose enfin une douce pression et que je t'enveloppe vraiment.

C'est donc ça, blottir.

Je n'en reviens pas. Je crois que je n'en reviendrai jamais. Ce moment suspendu. Ce morceau de ciel si proche. Cette première neige de la première fois.

Que viens-tu chercher en moi, de si rare et de si unique ? Quel voile viens-tu soulever ? Quelle fragilité viens-tu interroger ? De nous deux, qui est le plus petit ? N'est-ce pas toi qui me portes depuis le commencement ? J'entends Rilke : « Il est tant de beauté dans tout ce qui commence. » Et tu es là : tant de beauté déjà. Mais tu as commencé bien avant, je sais. Les notes qui t'ont mis en musique s'étaient déjà déposées sur ta partition depuis des mois. Et j'avais d'ailleurs plaisir à écouter, de temps en temps, le concert de ta nuit souterraine. Mais ta chanson de plein jour est encore plus belle, surtout lorsque j'entends de la violette dans ta voix.

Où es-tu en ce moment ? Une amie du bout du monde qui travaille au bord de l'océan m'a raconté que le bébé naissant était déjà « tout connaissant ». Comme si, dès les premières heures, il regardait l'avenir à partir du royaume des eaux d'où il vient. Une immense connexion intérieure entre l'avant et l'après, qui ne dure que quelques heures, qui réapparaît parfois dans les jours qui suivent, et puis... la chute, la faim, le froid, le corps... Et tout est à reconstruire ! Tu ne vois pas encore la plage de ce pays étrange où tu viens d'accoster, mais tu entends déjà les mouettes au-dessus des vagues. Alors je te parle. Il y a longtemps que je te parle. Mais aujourd'hui je te parle en te regardant.

Ai-je jamais autant regardé ?

J'ai vu beaucoup de paysages. J'ai croisé beaucoup de visages. J'ai parfois regardé longtemps quelqu'un qui mourait. Mais je n'avais jamais regardé aussi intensément quelqu'un qui naissait.

Je ne te regarde pas, je te contemple.

Je croyais connaître le mot « contempler ». Je pensais même l'avoir quelquefois pratiqué. Mais je découvre à ce mot une autre dimension. Comme s'il y avait une relation entre son ampleur et la petitesse de ton visage. N'est-ce pas le cœur de la vocation monastique : une vie à contempler l'infime ? Je me sens un peu moine en te contemplant...

On contemple aussi par le toucher. Du doigt, je parcours chacun de tes doigts. Je te lis. Je t'interprète. J'interroge tes voyelles, l'une après l'autre, le pouce, l'index, le majeur..., je caresse ton alphabet. Incroyable douceur de cet instant tactile. Un immense désir de rendre grâce. Mais j'entends Pierre-Albert Jourdan : « Prononcer le merci à voix très basse, ne rien effaroucher. » Alors à voix très basse, pour ne rien effaroucher, je prononce ton nom. Avant ta naissance, je le disais déjà. Parce qu'un nom a besoin d'être porté. Parce que lui aussi, on doit le mettre au monde, le blottir, le faire grandir, le prendre par la main.

Élie !

Deux syllabes, si douces. Deux voyelles colorées reliées par une consonne qui s'attache à l'une puis à l'autre : *É-lie*, *Él-i*. Le *é* monte et le *i* descend. Un *é* bien affirmé et un *i* à peine prononcé, comme s'il se perdait dans les sables du désert. Une sorte d'effacement que le *l* conduit presque au silence. Mais ton nom est aussi un mont. Peut-être même une montagne, tu verras ! Et le *l* va t'aider à relier le haut et le bas, car il est une échelle, ton *l*, un pont, une jonction dont tu auras bien besoin. Je dis ton nom. Et je sens bien en le disant que tes quatre lettres ont beaucoup de tendresse à offrir. Je le dis du bout des lèvres et sais que mes yeux le prononcent aussi tout en joie.

Ce nom des jours heureux, le prophète Élie a su le porter fièrement. Avec parfois de la tempête dans la pluie de son énonciation, et même des éclairs. Ces jours-là, le *é* d'ouverture prenait feu : Élie ! Un nom de combat qui après une longue ascension va rejoindre la plaine de l'apaisement. Un si petit nom pour un si grand destin. Un nom de faim et de soif, de désert et de montagne, de fleuve et de feu, de silence aussi, qui se donne tout entier dans son affirmation hébraïque : *El-Yah* (Yahvé est Dieu). C'est beaucoup, et c'est peu, car ton nom ne chante pas qu'en soliste, il fait partie d'un chœur à cinq voix : *Eliel* (Dieu est ma force), *Eliam* (Dieu est mon parent), *Eliah* (Celui dont Yahvé est le Dieu), *Eliaba* (Celui que Dieu cache), *Eliada* (Celui que Dieu connaît). Rien que ça ! Que de Dieu en si peu de mots…

Rassure-toi. Quand tu grandiras, ne te crois pas obligé d'habiter cette désignation prophétique et d'embarquer partout son étymologie. On peut porter un nom rien que pour sa chanson, comme l'a voulu ta maman. J'espère que tu te sentiras libre, vraiment, y compris libre de Dieu. D'ailleurs tu découvriras que le plus incandescent des prophètes savait y faire pour remettre Dieu à sa place !

À propos de chanson… on prononce parfois Élie en hébreu avec un petit *ou* de rien du tout : Éliyahou. Quand tu le diras ainsi, tu entendras comme ça sonne tendre. Je crois que je prononcerai parfois dans le secret de ton oreille ce diminutif d'affection qui te va si bien. Ou alors quand nous jouerons à cache-cache, en te cherchant partout : « Éliyahou ? Éliyahou ?… » Comme si un jeune chat avait déposé un doux miaulement dans le panier de ton appellation.

Petit Élie, c'est fou comme tu grandis. Les jours passent, et les mois, et tu marches, et tu cours, et tu veux sans cesse qu'on te prenne dans les bras. C'est ta cachette préférée. Tu me fais progresser dans l'art du blottissement. Et du coup, je vois Syméon s'éloigner du Temple à la fin de la fête des chandelles. Je sais bien que la Chandeleur est en lui et qu'il s'en va en paix, mais je me pose quand même la question : quand l'heure viendra, et elle approche, où il rendra son souffle, qui le blottira dans ses bras ?

J'aimerais que personne sur terre n'arrive ou ne s'en aille sans avoir été blotti dans des bras secourables. Blottir, ce n'est pas enfermer mais faire passer. Blottir pour laisser grandir, pour laisser partir. Blottir un naissant et blottir un mourant. Blottir un blessé, un découragé, un très âgé…

Peut-être que toi aussi, un jour, tu blottiras Syméon dans tes bras. Et tu découvriras que tous les Syméon ne se ressemblent pas, que les Syméon de nos actualités quotidiennes, à l'hôpital, en Ehpad, à la maison ou à la télévision, ne partent pas toujours en paix.

Dans le Premier Testament, un passage magnifique mais un peu rude raconte le vieillissement de ce Syméon au cœur multiple. Son auteur porte un nom curieux qui n'apparaît jamais ailleurs : Qohélet. On l'a dit prédicateur, rassembleur, incitateur, provocateur… Peut-être l'appellerait-on aujourd'hui lanceur d'alerte. On le regarde aussi comme un maître et comme un sage, mais un sage contestataire d'une modernité décapante. Un homme libre, certainement, plein d'humour, parfois ironique, qui ose penser à nu en regardant la fugacité humaine. Ou alors il s'agirait simplement d'un sobriquet pour désigner un personnage original et surprenant : le Qohélet. On pourrait même dire : le Qohélet du village ! Une voix que l'on devine plutôt âgée mais virile. Pessimiste ? Non, je ne le crois pas. Mais particulièrement lucide, ça oui.

Voici le poème en question, du livre de l'Ecclésiaste (11, 9-10 et 12, 1-8), qu'on appelle aussi Paroles de Qohélet. Est-il bien sûr que Qohélet ne soit pas revenu au temps du corona ?…

Épilogue

Réjouis-toi, jeune homme, dans ton adolescence,
et sois heureux aux jours de ta jeunesse.
Suis les sentiers de ton cœur
et les désirs de tes yeux !
Mais sache que pour tout cela
Dieu t'appellera en jugement.
Éloigne de ton cœur le chagrin,
écarte de ta chair la souffrance
car l'adolescence et le printemps de la vie
ne sont que vanité.
Souviens-toi de ton Créateur,
aux jours de ta jeunesse,
avant que viennent les jours mauvais,
et qu'approchent les années dont tu diras :
« Je ne les aime pas » ;
avant que s'obscurcissent le soleil et la lumière,
la lune et les étoiles,
et que reviennent les nuages après la pluie ;
au jour où tremblent les gardiens de la maison,
où se courbent les hommes vigoureux ;
où les femmes, l'une après l'autre, cessent
de moudre,
où le jour baisse aux fenêtres ;
quand la porte se ferme sur la rue,
quand s'éteint la voix de la meule,

quand s'arrête le chant de l'oiseau,
et quand se taisent les chansons ;
lorsqu'on redoute la montée
et qu'on a des frayeurs en chemin ;
l'amandier est en fleur,
la sauterelle s'alourdit,
et la câpre ne produit aucun effet ;
lorsque l'homme s'en va vers sa maison d'éternité,
et que les pleureurs sont déjà au coin de la rue ;
avant que le fil d'argent se détache,
que la lampe d'or se brise,
que la cruche se casse à la fontaine,
que la poulie se fende sur le puits ;
et que la poussière retourne à la terre comme elle en vint,
et le souffle de vie, à Dieu qui l'a donné.
Vanité des vanités, disait Qohélet,
tout est vanité !

Étonnante, cette cascade d'images pour évoquer la vie au ralenti. Tout le corps y passe – les bras, les jambes, les dents, les yeux, les oreilles, les lèvres, les cordes vocales, les cheveux… – mais avec les mots pour le dire. Les gardiens de la maison tremblent (les bras), les hommes vigoureux se courbent (les jambes), les femmes cessent de moudre (les dents), le jour baisse aux fenêtres (les yeux), la porte se ferme sur la rue (les lèvres), le bruit de la meule s'éteint (la voix), le chant de l'oiseau s'arrête (les cordes vocales), l'escalier inquiète, le chemin effraie, l'agilité de la sauterelle fait défaut, les épices perdent leurs saveurs et les cheveux blanchissent comme l'amandier en fleur. Ainsi, pour Qohélet, vieillir signifie quitter le printemps, jusqu'au jour où le souffle rentre à la maison, où la respiration divine (reçue en prêt !) rejoint sa patrie.

Mais avant que disparaisse le fil d'argent, avant que se brise la lampe d'or, que se casse la cruche à la fontaine, que se rompe la poulie sur le puits et que la poussière s'en retourne à la poussière, il y a tant à faire encore…

N'oublie surtout pas le début du poème. Il m'a beaucoup encouragé à l'heure des grands choix. Et j'ai plaisir à te l'adresser à mon tour :

Réjouis-toi, petit Élie,
aux jours de ta jeunesse,
va où ton cœur te mène,
où regardent tes yeux.

Celui qui a écrit ces mots-là ne te ralentit pas. Au contraire, il t'encourage : « Vas-y ! Suis ton enthousiasme et tente l'aventure ! D'autant plus que tes jours sont comptés car, oui, le printemps de la vie : vanité ! » Ou cette autre traduction : « Car, oui, tes cheveux noirs : buée ! » La racine hébraïque du mot *hével*, « buée », peut dire aussi « respiration ténue, fumée, vapeur, vent »... Une manière d'affirmer que l'enfance n'a qu'un temps.

Est-ce si sûr ?

Il ne dit pas tout, Qohélet. Son réalisme, je comprends, ne veut pas cacher la dureté de la situation : beaucoup de vieux Syméon voient les nuées revenir derrière l'averse. Ils savent l'avancée des mauvais jours et se désolent de voir s'approcher les années sans plaisir. Mais il ne dit pas que l'automne, parfois, emprunte un peu de lumière au printemps. Il ne dit pas à quel point la vieillesse a besoin de l'enfance pour être mise au monde, et comme l'enfance doit pouvoir compter sur la vieillesse pour oser s'aventurer sur des terres non encore explorées. Il ne parle pas non plus de l'enfant éternel qui est en nous, ce *puer aeternus* qui peut tellement aider à mieux traverser les jours finissants. Car quand on vit avec cet enfant-là, on en reçoit une « conscience de racine », selon l'heureuse expression de Gaston Bachelard. Un théologien américain, Thomas Moore, va même jusqu'à dire que pour bien vieillir il faut garder en soi une part d'immaturité et que ce *puer*, justement, cet enfant de toujours, a besoin de jouer en nous jusqu'à la fin. Mais il est important de lui parler, qu'il ne se sente pas perdu, et il faut surtout devenir, de plus en plus, le père de cet enfant. Pas facile d'y arriver seul. On peut espérer, et c'est une joie, que le fils aide le père à garder sa folie d'enfant. J'espère que tu m'aideras, petit filleul surprenant, à garder en moi quelque chose de cette folie-là.

À vrai dire, tu m'y as déjà beaucoup aidé. Surtout au temps du chiffre dix-neuf. Je ne sais pas pourquoi dix-neuf. J'ai retenu covid.

J'ai retenu pandémie. J'ai surtout retenu que le confinement nous a fait entrer ensemble au noviciat… « Temps d'épreuve », dit le dictionnaire. Le novice est une « personne qui aborde une chose dont elle n'a aucune habitude », dit un autre, ou « qui manque d'expérience dans la pratique d'un art ». Tout cela est vrai. Mais je préfère te proposer ma propre définition : entrer dans la nouveauté. Car c'est bien cela qui nous réunit en ce moment, toi et moi : la rencontre de deux commencements. Se préparer à devenir radicalement neuf. Et donc s'éloigner de cette vieille dichotomie qui attribue encore à la vieillesse la sagesse et à la jeunesse la folie. Mais non ! Tu me rends jeune et je te rends vieux. Tu me déracines et je t'enracine. Tu ris de mes bêtises et j'applaudis au sérieux de ton imagination bricoleuse.

Avec toi, je me sens plus vif et plus audacieux, comme ce personnage de Jean Sulivan dans *Mais il y a la mer*. Un jour, mais un jour qui se préparait depuis longtemps à devenir un jour, il rompt avec ses habitudes si bien installées. C'est qu'une fissure est venue lui rendre visite, qui s'agrandit dangereusement. Il croyait avoir poussé une autre porte simplement pour voir, et voilà qu'il se trouve réellement ailleurs et se met à vivre le présent gracieusement, tout ébloui d'avoir gardé intacte son âme d'apprenti. « Voir un homme fatigué se dresser dans la joie de vivre, libre enfin, quelle splendeur ! » s'exclame le romancier.

Avec moi, j'espère que tu te sens en sécurité, même si je souhaite que parfois tu oses t'écarter, et que tu te réchauffes à cette petite lumière qui s'échappe de mon manteau usé. C'est que, vois-tu, quand le tissu de l'âge s'effiloche et que sa trame accuse des tiraillements, il arrive qu'il laisse passer une lueur d'encouragement.

C'est fou ce que j'apprends à tes côtés. Tu ne cherches pas le rare mais tu transfigures le commun et tu me donnes chaque jour une leçon d'émerveillement. De nous deux, c'est toi le maître des novices ! Je n'avais aucune habitude du biberon et je manquais d'expérience dans l'art de changer un lange. Après ce temps d'épreuve, j'ai le sentiment d'avoir fait un grand pas dans la vocation à vieillir plus léger et plus dépouillé. Car tu me dépossèdes. Tu m'envahis. Tu m'élargis. Avec toi, je me sens désarmé. Je ne suis plus sur mes gardes. Je ne cherche plus à avoir raison. J'accueille enfin la lenteur. Je ne dis pas que tu me ralentis, mais tu m'obliges à faire parfois demi-tour et à mieux intégrer les surprises de l'inattendu. Mais plus que tout cela, ton enthousiasme m'épuise et me rajeunit. Car tu n'attends pas. Tu ne connais pas le mot « demain ». Ton nom est Aujourd'hui. Et dans cet Aujourd'hui, en une seconde, l'éternité est là. Tu m'y entraînes sans me demander mon avis, et je découvre ainsi la joie de marcher vers une austérité plus lumineuse, de connaître parfois une allégresse insensée et de découvrir, surtout, que la vieillesse, quand elle se fait transhumance, peut être un noviciat prophétique. Mais pour cela, elle a dû se convertir, elle aussi, au sommet de l'Horeb.

Imagine… Tu te tiens à l'entrée de la grotte à l'heure où la vieillesse va passer. La voilà qui s'avance. Elle vient à peine de faire ses premiers pas qu'un ouragan secoue la montagne et brise les rochers.

Mais la vieillesse n'est pas dans l'ouragan.

Après l'ouragan, un tremblement de terre.

Mais la vieillesse n'est pas dans le tremblement de terre.

Après le tremblement de terre, un feu.

Mais la vieillesse n'est pas dans le feu.

Après le feu, un son de fin silence…

Je crois que c'est là, exactement là qu'elle se tient aujourd'hui, la vieillesse, dans ce son si subtil qu'on l'entend à peine. Je te vois bien être attentif à ce son-là. Depuis tout petit, tu as l'oreille tellement en alerte. Même au loin, quand je tourne la page du journal, tu l'entends. Alors tu entendras sûrement tourner les pages du grand âge. Mais à la différence du prophète, ne te couvre surtout pas le visage d'un manteau, pas à ce moment-là, car la vieillesse, il faut la regarder en face. Et ne sois pas surpris qu'elle t'interpelle, faussement étonnée : « Comment, toi ici, Élie ? »

Elle est tellement heureuse que tu sois là !

Et je suis tellement heureux de quitter la montagne pour rejoindre la plaine d'Élisée et marcher avec toi sur les chemins de notre novice confinement. Je ne compte plus les kilomètres de landau à mon compteur !

Jamais je n'avais visité la campagne avec une telle ferveur, en suivant d'aussi près la vie des céréales, de l'ensemencement jusqu'à la récolte. Jour après jour, je te vois grandir comme les blés que nous traversons, les soleils, les fougères ou l'herbe des champs. Ta curiosité est de chaque instant, ton regard toujours neuf. Le sculpteur Alberto Giacometti dit si bien ce que je ressens à ce moment-là : « La grande aventure, c'est de voir surgir quelque chose d'inconnu, chaque jour, dans le même visage. C'est le plus grand des voyages du monde. » Et comment ! Vois comme tu me fais voyager. Après quelques mètres déjà, tu m'arrêtes et tu me dis : « Là ! Là ! » Et je cueille pour toi une marguerite ou un bouton-d'or, parfois un coquelicot, que tu effeuilles très vite et que tu jettes sur le chemin, comme pour laisser une trace de notre passage. Ou alors nous nous arrêtons pour écouter le vent. Je reste surpris de ton attention. Il suffit que je dise : « Tu entends ? » pour que tu accueilles les graves et les aigus d'un souffle pas toujours si ténu.

Passant par les villages, nous longeons aussi les prairies, les granges, les écuries, les étables... et là, ta parole naissante fait merveille. Pas une vache, pas un cheval, pas un cochon, pas un mouton n'échappe à ton sens aigu de l'imitation. Et à la vivacité de ta mémoire. Car le lendemain, avant même d'arriver à la hauteur du paysage de la veille, tu annonces déjà vocalement ta reconnaissance des habitants du lieu. Tu préviens d'un vigoureux « hihan » que nous approchons de la maison de Louis et que tu vas revoir, peut-être caresser, timidement, les trois ânes qui viennent te saluer derrière la grille de leur enclos. Sans parler des engins agricoles ! De la moissonneuse au tracteur, tous te fascinent. Le tracteur surtout : ton idole ! Au point de fréquenter tes rêves et de monopoliser la conversation, même à la maison. Et quand un jour tu as pu t'asseoir au volant, j'ai bien vu que tu t'envolais. La joie de la béatitude fermière.

D'autres fois, nous nous aventurons dans

les bois parmi les chênes, les hêtres et les bouleaux. Mais c'est surtout un grand peuplier qui te subjugue. Du doigt, tu ne cesses de me montrer sa tête. Je crois que tu es impressionné par sa hauteur. Je te ramène sur terre pour te parler de son écorce. Je te dis sa sensibilité au vent, à la pluie battante, et qu'elle protège la partie tendre et blanchâtre qui se forme chaque année entre elle et le cœur de l'arbre. C'est là, dans l'aubier, qu'un souffle circule, une sève, une rumeur qui parcourt l'arbre de haut en bas et le fait parfois frissonner. Je t'explique qu'il ne faut rien brusquer. Alors, nous y allons progressivement. Tu touches l'arbre de la main. De petites touches que tu répètes avec attention. Je te propose de laisser un moment ta main sur sa peau, sans bouger, de ne pas la retirer trop vite, mais de prendre le temps d'écouter battre son cœur, d'accueillir sa bienveillance, de recevoir sa bonté. Car les arbres sont bons. Tu m'écoutes avec de grands yeux pleins d'émerveillement désarmé. Je t'expliquerai un peu plus tard que quand on touche un arbre patiemment, sa sève dialogue avec notre sang et que les deux écoulements s'unissent, et qu'il arrive même, si nous sommes tristes, que la tristesse s'en aille entre l'aubier et l'écorce de notre âme.

Petit Élie, après ces clairières où nous nous sommes assis, ces sentiers que nous avons suivis, ces haies que nous avons longées, ces prairies, ces buissons, ces fossés, ces ruisseaux, je me sens comme le vieux chemin de terre qu'évoque Sylvie Germain dans *Immensités*, quand il offre sa chanson à une jeune Lulla qui passait par là. Avec la romancière, je crois que les chemins ont une vie, une histoire, un destin et qu'ils finissent parfois, comme les hommes, à se dissoudre « sous l'herbe rase et les cailloux ». Eux aussi ont un cœur qui bat sous les pas des marcheurs, et une âme, et une mémoire, et une voix. Une voix aussi ténue que le souffle de l'Horeb.

Je suis ton vieux chemin. Pendant nos promenades, tu ne le sais pas, mais tu marches aussi sur moi. Et je sens tes pas si joyeux. Si tu savais comme tu viens remuer mon cœur de terre et de poussière.

Je suis ton vieux chemin et je veux te confier ma chanson. Tends bien l'oreille, le cœur surtout, car je viens chanter contre toi. Je viens chanter en toi. Jusqu'à chanter sous ta peau. Jusqu'à me glisser dans ton souffle.

Écoute. Le temps d'une chanson…

Je t'offrirai un peu de ma fragilité. Pas trop. Il faut toute une vie pour y consentir. Et parfois, je comprends, la vieillesse la refuse. Mais un peu. Juste assez pour qu'elle t'autorise à risquer et à inventer. Car la fragilité est une audace.

Je t'offrirai des mots à dire sur les angoisses et des gestes à poser pour calmer les blessures.

Je t'apprendrai, pour ta joie, comme est bonne la présence de celles et ceux qui ne sont plus là mais ont encore, secrètement, beaucoup à nous donner.

Si l'inquiétude venait à te visiter, je t'aiderais à souffler la bougie de la peur et, avec toi, j'irais dans le noir chercher ce lieu, dit Bobin, « que la nuit n'atteint pas ».

Si l'impatience venait te démanger, je t'encouragerais à surtout regarder les fruits que l'arbre promet au printemps et, avec toi, j'attendrais le retour des oiseaux.

Mais je te préviens… Ma chanson ne t'apprendra pas à devenir raisonnable. Elle t'encouragera plutôt à grimper aux arbres jusqu'à la cime, pour que tu portes, là-haut, tes rêves les plus intrépides, et que tu regardes la terre avec des yeux nouveaux.

Et puis je m'effacerai…

Rassure-toi. Tu as si bien réveillé l'enfant qui sommeillait en moi qu'aujourd'hui, avec toi, je me sens prêt à de nouvelles aventures que je n'imaginais même pas avant ta venue. Je sais que d'heureuses échappées nous attendent encore. Mais je ne veux pas ignorer qu'un jour, comme Syméon quittant le Temple, je m'en irai par une petite porte dérobée.

Là où j'irai, tu ne pourras pas me suivre.

Mais que cela ne t'attriste pas. Mes yeux mouillés seront remplis d'étoiles, et j'aurai dans la main le bouton-d'or de nos belles traversées.

J'ai beaucoup chanté pour t'endormir. Et ce n'est pas fini.

À ce moment-là, c'est moi qui aurai besoin de ta chanson. Moi qui te demanderai :

« Encore une, encore une. » Moi qui te dirai : « Chante, mon Élie, chante. » Car un poète l'a dit :

Pendant le chant
On ne vieillit pas.

Quand le jour baisse aux fenêtres… je te vois glaner quelques brindilles de mots pour raviver le feu d'une conversation qui s'achève.

Quand la porte se referme sur la rue… je te vois faire une canne fleurie d'une branche d'amandier pour soutenir le cœur qui claudique.

Quand s'éteint la voix de la meule… je te vois recueillir quelques larmes muettes et les faire sécher au soleil de ton jeune sourire.

Quand se tait le chant de l'oiseau et que l'homme s'en va vers sa maison d'éternité… je te vois avancer la main sur une joue inquiète et caresser des cheveux blancs de solitude.

Et quand Syméon s'endort dans tes bras… je te vois tout heureux de découvrir entre les rides de son visage un reste d'enfance inachevée.

MERCI

Pour le souffle ténu des poètes et des écrivains qui traversent ce récit. À commencer par les poètes de la Bible qui m'ont encouragé à revisiter l'histoire d'Élie à travers, surtout, les traductions du rabbinat français, d'André Chouraqui, d'Édouard Dhorme, d'Henri Meschonnic, de la Bible Bayard, de l'Alliance biblique universelle, de la Traduction officielle liturgique et de la Traduction œcuménique de la Bible. Sans oublier la voix subtile du Talmud de Babylone et les commentaires musulmans du Coran qui m'ont permis de découvrir un Élie que je ne connaissais pas.

Un inaudible soupir qu'on retrouve encore chez les auteurs qui n'ont cessé de m'accompagner de livre en livre et, ici, en tout premier, Jean Grosjean. Son regard sur Élie m'a beaucoup stimulé. Mais il n'est pas le seul. Des romanciers et des poètes, Gilles Baudry, Yves Bonnefoy, Bernard de Clairvaux, Pierre Deruaz, Sylvie Germain et son vieux chemin, Philippe Jaccottet, Pierre-Albert Jourdan, Rainer Maria Rilke et Jean Sulivan, ont soufflé sur les braises de ce texte qui m'a brûlé tout au long de son écriture. Mais il m'est arrivé aussi d'emprunter un mot, une expression, une réflexion à d'autres compagnons d'aventure, Gaston Bachelard, Sylvie Barnay, Jean Bastaire, Gérard Bessière, Hildegarde de Bingen, Christian Bobin, Frédéric Boyer, Olivier Clément, Yves Duteil, Kathryn Eagleheart, Marguerite Gentzbittel, Alberto Giacometti, Guillevic, Carl Gustav Jung, Jean-Marie Kerwich, Isabelle Le Bourgeois, Françoise Lison-Leroy, Gabriela Mistral, Thomas Moore, Antoine Nouis, Yves Prigent, Paul Ricœur, Michel Serres et d'autres, peut-être, dont le nom a pu m'échapper.

Je n'oublie évidemment pas le souffle de fin silence de mon éditeur, Jean Mouttapa, de Julien Darmon pour le parcours dans le

Merci

Talmud de Babylone, de Lindsay Devillers pour l'heureux travail secrétarial et de mes relecteurs et amis Jean Bauwin et Patrick Tyteca.

À chacune, à chacun, la légère brise de ma gratitude.

TABLE

DU MÊME AUTEUR

Le Mythe au milieu du village. Comprendre et analyser la presse locale, Bruxelles, Vie ouvrière, 1981.

Dieu et les journalistes (sous la direction de), Paris, Desclée de Brouwer, 1982.

La Puce et les Lions. Le journalisme littéraire (avec Lucien Guissard), Bruxelles, De Boeck Université, 1988.

Le Guide des médias (sous la direction de), encyclopédie en 4 volumes, Bruxelles, Kluwer, 1989-1996.

Ces chers disparus. Essai sur les annonces nécrologiques dans la presse francophone, Paris, Albin Michel, 1992 ; nouvelle édition en poche, préface de Jean-Claude Bologne, Bruxelles, Labor, coll. « Espace Nord », 2002.

Écrire au quotidien. Pratiques du journalisme (avec Fr. Antoine, J.-F. Dumont, B. Grevisse et Ph. Marion), Bruxelles, Vie ouvrière, et Lyon, Chronique sociale, 1995.

Dialogue et liberté dans l'Église (avec Jacques Gaillot), Paris, Desclée de Brouwer, et Liège, L'Appel, 1995.

Un peu de mort sur le visage. La traversée d'une femme, Paris, Desclée de Brouwer, coll. « Littérature ouverte », 1997 ; réédition 2015.

La Résistance intérieure, Bruxelles, RTBF Liège, et Alice Éditions, coll. « L'intégrale des entretiens de Noms de dieux d'Edmond Blattchen », 1998.

La Presse écrite en Belgique (avec J.-F. Dumont et B. Grevisse), Bruxelles, Kluwer, 1998 ; réédition 2002.

L'Évangile d'un libre penseur. Dieu serait-il laïque ?, Paris, Albin Michel, 1998 ; réédition coll. « Espaces libres », 2002.

Une aventure universitaire (sous la direction de), Bruxelles, Université catholique de Louvain et Éditions Racine, 2000.

Éloge de la fragilité, Paris, Desclée de Brouwer, et Bruxelles, Éditions Racine, 2000 ; réédition Paris, Albin Michel, coll. « Espaces libres », 2004.

Ma part de gravité. Un itinéraire entre Évangile et actualité, Paris, Albin Michel, 2002.

Chemins de spiritualité. Jeunes en quête de sens (avec L. Albarello, J. Beauduin, G. Haarscher et al.), Paris, Desclée de Brouwer, et Bruxelles, Éditions Racine, 2003.

Prières glanées (illustrées par Jacques Aubelle), Bruxelles, Fidélité, 2003.

Et je serai pour vous un enfant laboureur. Retourner l'Évangile, Paris, Albin Michel, 2006.

Ceci est ton corps. Journal d'un dénuement, Paris, Albin Michel, 2008 ; réédition coll. « Espaces libres », 2014.

Entre toutes les femmes (avec Mannick), Paris, Desclée de Brouwer, 2011.

Effacement de Dieu. La voie des moines-poètes, Paris, Albin Michel, 2013.

Discours de réception de Sylvie Germain à l'Académie royale de Belgique, accueillie par Gabriel Ringlet, Paris, Albin Michel, 2015.

« Vous me coucherez nu sur la terre nue. » L'accompagnement spirituel jusqu'à l'euthanasie, Paris, Albin Michel, 2015 ; réédition coll. « Espaces libres », 2018.

La Grâce des jours uniques. Éloge de la célébration, Paris, Albin Michel, 2018.

Composition : Nord Compo
Impression : Bussière en juin 2021
Éditions Albin Michel
22, rue Huyghens, 75014 Paris
www.albin-michel.fr
ISBN : 978-2-226-46232-9
N° d'édition : 24523/01 – N° d'impression : 2057197
Dépôt légal : septembre 2021
Imprimé en France